Oldenbourg
Textnavigator für Schüler

Oldenbourg
Textnavigator für Schüler

Herausgegeben von
Dieter Wrobel

Franz Kafka

Die Verwandlung, Das Urteil und andere Erzählungen

Inhaltsangabe, Analyse der Texte und Abiturvorbereitung

Verfasst von Hans-Peter Goldberg und Claudia Mutter

Oldenbourg

Die Seitenangaben in Klammern beziehen sich auf folgende Ausgabe: Franz Kafka, Die Verwandlung, Das Urteil und andere Erzählungen. Oldenbourg Textausgaben, München: Oldenbourg Schulbuchverlag 2008

Bibliografische Information der Deutschen Nationalbibliothek: Die Deutsche Nationalbibliothek verzeichnet diese Publikation in der Deutschen Nationalbibliografie; detaillierte bibliografische Daten sind im Internet über http://dnb.ddb.de abrufbar.

Das Papier ist aus chlorfrei gebleichtem Zellstoff hergestellt, ist säurefrei und recyclingfähig.

1. Auflage 2008
Druck 12 11 10 09 08
Die letzte Zahl bezeichnet das Jahr des Drucks.

Umschlagkonzept: Mendell & Oberer, München
Umschlaggestaltung und -bild: Erasmi + Stein, München
Layoutentwurf: Almut Jegodtka
Lektorat: Ruth Bornefeld
Herstellung: Ulrike Seeliger
Satz: fidus Publikations-Service, Augsburg
Gesamtherstellung: Himmer AG, Augsburg

ISBN 978-3-486-**00610**-0
ISBN 978-3-637-**00610**-2 (ab 1.1.2009)

150 Jahre
Wissen für die Zukunft
Oldenbourg Verlag

Inhaltsverzeichnis

Zitate von Franz Kafka

Je länger man vor der Tür zögert,
desto fremder wird man.

Von einem gewissen Punkt an
gibt es keine Rückkehr mehr.
Dieser Punkt ist zu erreichen.

Es gibt ein Ziel, aber keinen Weg.
Das, was wir Weg nennen, ist Zögern.

Das Wort „sein“ bedeutet
im Deutschen beides:
Dasein und Ihm-gehören.

Heiraten, eine Familie gründen […]
ist meiner Überzeugung nach das Äußerste,
das einem Menschen überhaupt gelingen kann.

1 Der Autor Franz Kafka

Nur wenige deutschsprachige Schriftsteller der Moderne sind weltweit so bekannt wie Franz Kafka, der am 3.7.1883 in Prag, der drittgrößten Stadt in der Doppelmonarchie Österreich-Ungarn, geboren wurde. Von einigen kürzeren Aufenthalten und Reisen abgesehen, hat Kafka diese Stadt, die sich in Atmosphäre und Topographie seiner Werke spiegelt, niemals verlassen.

* 3.7.1888
in Prag
† 3.6.1924
in Kierling
bei Wien

Kafkas Eltern gehörten zur assimilierten jüdischen Minderheit der Prager Gesellschaft. Hermann Kafka kam aus einfachsten Verhältnissen und arbeitete sich mit Energie, Ausdauer und Durchsetzungsvermögen zum erfolgreichen Kaufmann empor. Seine Frau Julie, geb. Löwy, stammte aus einer wohlhabenden Tuchhändlerfamilie, zu der auch Akademiker und jüdische Theologen gehörten. Franz kam als erstes von sechs Geschwistern zur Welt, von denen zwei Brüder kurz nach der Geburt starben. Von den drei jüngeren Schwestern Elli, Valli und Ottla trennte ihn ein großer Altersabstand.

Lebensdaten

- 1889–1901: Besuch der Deutschen Knabenschule und des humanistischen Gymnasiums
- 1901–1906: Jurastudium an der Deutschen Universität in Prag auf Wunsch des Vaters, Promotion zum Dr. juris
- Oktober 1906: einjähriges Gerichtspraktikum

- 1908–1922: Angestellter der „Arbeiter-Unfall-Versicherungs-Anstalt für das Königreich Böhmen in Prag“
- 1909: Beginn der Freundschaft mit Max Brod; einjähriges Gerichtspraktikum
- 1922: Frühpensionierung wegen Arbeitsunfähigkeit auf Grund einer fortschreitenden Tuberkulose
- 1924: Kafka stirbt in Kierling bei Wien und wird am 11. Juni auf dem Neuen Jüdischen Friedhof in Prag begraben

Beziehungen

Trotz verschiedener Beziehungen zu Frauen blieb Kafka ein Leben lang Junggeselle. Er ver- und entlobte sich mehrmals (zweimal mit Felice Bauer, 1914 und 1917, einmal mit Julie Wohryzek 1919), hatte eine vor allem in Briefen gelebte Beziehung zu der verheirateten Journalistin Milena Jesenská (1920/21), die seine Werke ins Tschechische übersetzte. 1923 lernte er die Kinderhelferin Dora Diamant kennen, die ihn während seiner letzten Lebensphase begleitete.

Themen in Leben und Werk

Kafkas Werke, die seiner Verfügung gemäß nach seinem Tode verbrannt werden sollten, kreisen um die Themen

- Schuld und Bestrafung,
- Schreiben und Leben,
- Väter und Söhne.

Durch den Verzicht auf eine eigene Familie, aufgrund seiner asketischen Lebensweise und seiner künstlerischen Produktivität entwarf er ein Gegenbild zum Lebensmodell seines Vaters, für den wirtschaftlicher Erfolg und gesellschaftlicher Aufstieg entscheidend waren. Die bis in die Kindheit reichenden Konflikte mit dem als übermächtig empfundenen Vater verarbeitete er literarisch im BRIEF AN DEN VATER (1919).

Kafkas vermutlich umfangreiches Frühwerk wurde von ihm selbst vernichtet. Zu Lebzeiten publizierte er u.a. die Erzählungen DAS URTEIL (1913) und DIE VERWANDLUNG (1915), die Prosasammlungen EIN LANDARZT und EIN HUNGERKÜNSTLER sowie Teile aus Romanprojekten (DER HEIZER 1913, VOR DEM GESETZ 1915). Große Teile seines Werkes, darunter die Romanfragmente DER PROCESS, DER VERSCHOLLENE (unter dem Titel AMERIKA veröffentlicht) und DAS SCHLOSS erschienen posthum – gegen den erklärten Willen ihres Verfassers, dem sich sein Freund und Nachlassverwalter Max Brod widersetzte.

Die Karlsbrücke in Prag – Kafka verbrachte fast sein ganzes Leben in der tschechischen Hauptstadt

2 Analyse der Erzählungen von Franz Kafka

Die folgenden Interpretationen sind chronologisch nach der Entstehungsgeschichte von Kafkas Erzählungen angeordnet.

Die Analyse der Texte gliedert sich jeweils in vier Schritte: Entstehung, Inhalt, Aufbau und Gestaltung des Textes sowie Deutungsansätze. Dabei umfasst die eigentliche Textanalyse Aufbau und Gestaltung des Textes sowie dessen Deutung. Kafkas Werk ist vieldeutig, seine Texte verwirren, provozieren, verstören – und üben gleichzeitig immer wieder eine große Faszination aus. Die vielfältigen Deutungsansätze, die einen einzigen Interpretationsansatz ausschließen, werden in Kapitel 4 zusammenfassend dargestellt.

Der Kaufmann

Entstehung

DER KAUFMANN war Kafkas erstes Buch

DER KAUFMANN gehört zu einer Reihe von kleinen Prosatexten, die 1912 als erste Buchpublikation Franz Kafkas unter dem Titel BETRACHTUNG im Verlag Ernst Rowohlt erschien. In der Zeitschrift „Hyperion" waren die Texte schon 1908 ohne Einzeltitel veröffentlicht worden.

Kafkas ambivalente Einstellung zur Veröffentlichung seiner Werke wird bereits hier deutlich: In einem Brief schreibt er von seiner „Gier", unter den schönen Büchern bei Rowohlt sein eigenes zu haben, gleichzeitig notiert er im Tagebuch: „Wenn Rohwolt (sic!) es zurückschickte und ich alles wieder einsperren und ungeschehen machen könnte, so dass ich bloß so unglücklich wäre, wie früher."

Inhalt

Aus der Ich-Perspektive schildert der Kaufmann, die Titelfigur des Textes, im Präsens seine Situation: Sein kleines

Geschäft bereitet ihm Sorgen, er ist abhängig von „fremden Leuten", die über sein Geld verfügen und es womöglich verschwenderisch ausgeben. Selbst nach Geschäftsschluss ist er nicht in der Lage, seine Existenzängste zu vergessen. Sein Nachhauseweg nach einem langen Arbeitstag ist kurz und macht ihm seine Einsamkeit bewusst. Im Lift, der ihn zu seiner Wohnung bringt, begegnet er seinem Spiegelbild und spricht seine eigenen Gedanken und Fantasien an, bevor er an seiner Wohnungstür ankommt und das Dienstmädchen begrüßt.

Der Kaufmann macht sich Sorgen um sein schlecht gehendes Geschäft

Aufbau und Gestaltung des Textes

Der kurze Text lässt sich in drei Abschnitte gliedern:

Der Text besteht aus drei Abschnitten

- Realistischer Erzählbeginn; Schilderung der allgemeinen Situation des Kaufmanns: Das Geschäft ist klein und gibt Anlass zur Sorge.
- Zunehmende Überlagerung der Realität durch surreale und absurde imaginierte Situationen: Der Kaufmann macht sich allein auf den Heimweg und begegnet im Lift sich selbst.
- Rückkehr in die Realität: Ankunft in der Wohnung und Begrüßung des Dienstmädchens.

Die Prosaskizze macht den Leser mit Motiven bekannt, die für Kafkas Werk bedeutend und konstitutiv sind:

Für Kafka typische Motive finden sich bereits in dieser frühen Erzählung

- Einsamkeit und Isolation des Ich in einer fremden und undurchschaubaren Welt,
- existenzielle Angst,
- Oppositionen: Macht – Ohnmacht, Einzelner – Gemeinschaft, Mann – Kind, Mann – Mädchen/Frau, Stadt – Land,
- Wunsch nach Kommunikation und Überwindung der Einsamkeit durch Aufsteigen (Lift – lat. elevatio, engl. elevator) und Flugfantasien,

- das Fenster als Übergang zwischen innen und außen, oben und unten (in anderen Werken auch Türen, Tore),
- Kampf und Krieg („Das Hurra der tausend Matrosen auf dem fernen Panzerschiff", S. 12, Z. 63 f.),
- Amerika („Flucht nach Amerika", S. 11, Z. 18, vgl. das erste Kapitel des Amerika-Romans DER VERSCHOLLENE: DER HEIZER),
- Pferde und Reiten, oft als Metaphern für künstlerische Fantasie und das Schreiben gebraucht („Die verstreut auf ihren Pferden galoppierende Polizei", S. 13, Z. 69).

Auch die als „einsinnig" bezeichnete Erzählhaltung – hier ist es ein anonymes Ich, das seine äußere und innere, mit den Kategorien des Verstandes nicht zu begreifende Lage schildert – findet sich in anderen Kafka-Texten wieder.

Deutungsansätze

Widersprüche und „heillose Unordnung" verhindern eine einseitige Deutung

Selbst nach mehrmaligem genauen Lesen des Textes lösen sich dessen Widersprüche nicht zu einer glatten Deutung auf. Kafka selbst schreibt über den Textzyklus BETRACHTUNG: „Es ist ja wirklich eine heillose Unordnung darin oder vielmehr: es sind Lichtblicke in eine unendliche Verwirrung hinein und man muß schon sehr nahe treten, um etwas zu sehn." (Briefe an Felice, S. 218) Mit dem Attribut „heillos" verweist Kafka auch auf den religiösen Bedeutungshorizont seiner Texte (vgl. „wenn die Prozessionen aus allen drei Straßen kommen", S. 12, Z. 56 f.).

Auch in sprachlicher Hinsicht enthält der Text typische Merkmale Kafka'schen Schreibens:

- Negationen („ich spüre nichts davon", „nicht wie […] unter Leuten meines Kreises", „ihre Verhältnisse können mir nicht deutlich sein")
- hypothetische Satzstrukturen (wenn – dann, Konjunktiv, „vielleicht")

- Argumentationsstrukturen, die an die Rhetorik der Juristen erinnern (Einspruch, Widerspruch, Rede – Gegenrede)
- Vergleiche und Metaphern
- lyrischer Stil, Nähe zum Prosagedicht (Assonanzen, Musikalität der Sprache, Rhythmisierung der Sätze: z. B. „Seid still, tretet zurück, wollt ihr in den Schatten der Bäume, hinter die Draperien [Vorhänge] der Fenster, in das Laubengewölbe?", S. 12, Z. 47 ff.)

Unterschiedliche sprachliche Mittel verstärken die heterogene Aussage des Textes

In BETRACHTUNG, seinem ersten Buch, experimentiert Kafka mit Möglichkeiten des Erzählens, die er in späteren Werken wieder aufgreifen wird, und schafft darin eine Grundstimmung, die wir heute noch als *kafkaesk* bezeichnen.

Das Urteil

Entstehung

Diese Erzählung nimmt eine Sonderstellung im Werk Kafkas ein – schon allein deswegen, weil sie vom Autor sehr positiv bewertet wird, sowohl vom Entstehungsprozess als auch vom Endergebnis her: Der Autor schrieb DAS URTEIL in der Nacht vom 22. zum 23. September 1912, in der Lebensphase, in der sich seine Beziehung zu Felice Bauer anbahnte. Den Entstehungsprozess „von 10 Uhr abends bis sechs Uhr früh" beschreibt er als beispielhaft für gelingendes Schreiben:

Positive Bewertung des Textes von Kafka selbst

> *Die fürchterliche Anstrengung und Freude, wie sich die Geschichte vor mir entwickelte, wie ich in einem Gewässer vorwärtskam. Mehrmals in der Nacht trug ich mein Gewicht auf dem Rücken. Wie alles gesagt werden kann, wie für alle, für die fremdesten Einfälle ein großes Feuer bereitet ist, in dem sie vergehn und auferstehn. […] Nur so kann geschrieben werden, nur*

Das Urteil schrieb Kafka in einer Nacht

in einem solchen Zusammenhang, mit solcher vollständigen Öffnung des Leibes und der Seele. (F. Kafka, Tagebücher, Bd. 2 (in der Fassung der Handschrift), Frankfurt/M. 1994, S. 191)

Wie seinen Briefen zu entnehmen ist, plante er noch 1916 eine Einzelveröffentlichung des Urteils, damit sich die Geschichte „auswirken" könne, denn sie sei ihm die „liebste Arbeit". Gerade angesichts seines ansonsten sehr kritischen Umgangs mit dem eigenen Werk ist es interessant, Inhalt und Struktur dieser Erzählung nachzuspüren, die Kafkas Zufriedenheit mit dem eigenen literarischen Produkt bewirkt haben mögen.

Inhalt

Die Handlung driftet von der Wirklichkeit schnell ins Paradoxe ab

Gemeint ist die Russische Revolution (1905–1907) unter der Herrschaft des Zaren Nikolaus II.

Die Geschichte handelt von dem jungen Kaufmann Georg Bendemann, der im Geschäft des Vaters mitarbeitet, es nach dem Tod der Mutter immer mehr übernimmt, wobei er wirtschaftlich immer erfolgreicher wird und dabei eine gewisse Selbstzufriedenheit an den Tag legt. Nimmt die Handlung zu Beginn einen durchaus realistischen Verlauf, so scheint sie danach immer paradoxer zu werden: Georg korrespondiert mit einem Jugendfreund, der jetzt in Russland lebt – inmitten der dortigen Revolutionswirren, und weniger erfolgreich ist. In diesem Briefwechsel verschweigt er seinen wirtschaftlichen Erfolg, vorgeblich, um den Freund zu schonen. Auch seine Verlobung mit Frieda Brandenfeld teilt Georg dem Brieffreund erst als bereits vollzogene Tatsache mit.

Als er diese Nebensächlichkeit seinem Vater erzählt, ändert sich dessen bisher kooperatives Verhalten grundlegend: Der Vater wirft Georg plötzlich Verrat an jenem Freund und ihm selbst vor, macht ihn für den Tod der Mutter vor drei Jahren verantwortlich, kritisiert seine

Heiratspläne und verurteilt ihn abschließend zum Tod durch Ertrinken.

Die scheinbare Paradoxie und Widersprüchlichkeit der Handlung erreicht ihren Höhepunkt darin, dass Georg dieses Urteil umgehend selbst an sich vollzieht: Er „jagt" aus dem Haus und springt von einer Brücke.

Aufbau und Gestaltung des Textes

Diese Wendung von real erscheinenden zu irrealen Verhaltensweisen der Figuren vollzieht sich in fünf Sinnabschnitten, die sich unterscheiden lassen:

- S. 13, Z. 1 bis S. 17, Z. 144: Darstellung von Ausgangsituation und Figurenkonstellation aus der personalen Erzählhaltung des Protagonisten Georg, eingeleitet von einer kurzen, auktorialen Anfangsphase („Georg Bendemann, ein junger Kaufmann", S. 13, Z. 5).
- S. 17, Z. 145 – S. 21, Z. 278 („Und tatsächlich berichtete [...] weißen Haar auf die Brust hatte sinken lassen"): Entwicklung der Konfrontation, weiterhin einsinnig aus der Sicht Georgs erzählt. Dieser scheint die Auseinandersetzung zu dominieren.
- S. 23, Z. 338 – S. 24, Z. 359 („‚Bin ich gut zugedeckt? [...] Herr Sohn zum Heiraten entschlossen!'"): Der plötzliche Machtgewinn des Vaters als Umkehrung der Verhältnisse.
- S. 24, Z. 360 – S. 27, Z. 465 („Georg sah zum Schreckbild [...] zum Todes des Ertrinkens!"): Die Verschärfung der Konfrontation; der Vater gewinnt die Oberhand.
- S. 27, Z. 466 – Ende („Georg fühlte sich aus dem Zimmer [...] geradezu unendlicher Verkehr."): Der Selbstmord des Sohnes als katastrophaler Schlusspunkt der

Auseinandersetzung. Den Abschluss stellt ein auktorial gefasster Schlusssatz dar.

Der Handlungsaufbau erinnert an ein Drama

Der Handlungsaufbau erinnert an den einer klassischen Tragödie, dennoch empfiehlt es sich nicht, die Beschreibungsbegriffe der klassischen Dramentheorie zu verwenden, denn wir untersuchen hier einen epischen Text.

- Der erste große Sinnabschnitt stellt die aktuelle Lebenssituation Georg Bendemanns dar, seine zunehmenden wirtschaftlichen Erfolge, die Zusammenarbeit mit dem Vater, den Tod der Mutter und schließlich die Beziehung zur Verlobten Frieda Brandenfeld. Diese Darstellung geht einher mit Rückblenden in die Jugendzeit Georgs und Mutmaßungen über die momentanen Lebensumstände des Freundes in Russland.

  Die Erzählperspektive verlagert sich von der äußeren Umwelt auf die Innenwelt der Figuren

  Dabei verschiebt sich die Perspektive immer radikaler in die subjektive Innenwelt des Protagonisten, dies tritt besonders in seinen permanenten Reflexionen über den Briefwechsel mit dem Freund hervor. Auch der Dialog mit Frieda und die nachträgliche Mitteilung der Verlobung im wiedergegebenen Brief an den Freund ordnen sich diesem Thema unter, lockern jedoch die Struktur auf.

  Der in Präteritum und Plusquamperfekt gehaltene letzte Absatz zeigt Georg in einem Zustand der geistigen Abwesenheit: Dieser Zustand irritiert, schafft Abstand zur Hauptfigur und bereitet den Leser auf noch unbekannte Hintergründe und Wendepunkte der Handlung vor.

- Der Beginn der zweiten Handlungsphase, der Gang in das väterliche Zimmer, gibt bereits Hinweise auf die Distanz zum Vater, auf eine vorwiegend ichbezogene Lebenseinstellung Georgs, in der für Kafka typischen Sprache der Verharmlosung, eine Sprache ständiger

  Kafka benutzt eine die Zustände verharmlosende Sprache

Rücknahmen und scheinbarer Einschränkungen, die den aufmerksamen Leser erfordert, damit zentrale Mitteilungen seiner Wahrnehmung nicht entgleiten. Seit „Monaten“ sei er nicht mehr im Zimmer des Vaters gewesen, ein Zeichen zwischenmenschlicher Distanz, das sogleich relativiert wird – schließlich verkehre man im Geschäft ständig miteinander. Als Beispiel führt die Perspektivfigur Georg danach an, man nehme das Mittagessen gleichzeitig in einem Speisehaus ein – „gleichzeitig“ heißt aber nicht zwangsläufig „zusammen“. Auch die abendlichen Begegnungen werden bei genauem Lesen als brüchig bis zur Widersprüchlichkeit, mit mehrfachen Einschränkungen, dargestellt: Abends „saßen sie dann meistens [...] noch ein Weilchen, jeder mit seiner Zeitung, im gemeinsamen Wohnzimmer.“ (S. 18, Z. 179 ff.)

Zwischen Vater und Sohn findet keine echte Kommunikation statt

Schon hier wird die Kommunikationslosigkeit zwischen Vater und Sohn weitgehend deutlich, ein eingeschobener Konditionalsatz reduziert erzählerisch den Kontakt jedoch noch weiter („wenn nicht Georg, wie es am häufigsten geschah, mit Freunden beisammen war oder jetzt seine Braut besuchte“, S. 18, Z. 179 ff.). „Meistens“ steht gegen „am häufigsten“ – ein beabsichtigter semantischer Widerspruch.

Das ursprüngliche, scheinbar längst vergangene Vater-Sohn-Verhältnis klingt stattdessen an – „Mein Vater ist immer noch ein Riese“ (S. 19, Z. 195 f.), stellt Georg für sich fest. Dieser beginnt, ihn mit Fragen und Vorwürfen in diesem zweiten Textabschnitt in die Enge zu treiben, doch auf der Ebene der äußeren Handlung behält Georg durch praktische Vorschläge (Veränderung der Lebensweise, Zimmerwechsel) und den Vorgang des Zubettbringens noch die Oberhand.

Umkehrung der Machtverhältnisse: Der Vater gewinnt die Oberhand über seinen Sohn

- Der dritte Handlungsabschnitt kehrt die Machtverhältnisse radikal um: Der Vater springt im Bett auf, wirft die Decke von sich, erscheint tatsächlich als Riese, als „Schreckbild“ und ergreift auf bizarre Weise Partei für den Freund in Russland („Er wäre ein Sohn nach meinem Herzen“, S. 23, Z. 348).

- Im vierten Textabschnitt wird diese Überlegenheit nun weiter ausgebaut, dies zeigt schon die Verteilung der Dialoganteile. Der Vater dominiert die steigende Auseinandersetzung völlig, Georg beschränkt sich auf Einwürfe („Komödiant!“, „Zehntausendmal!“) oder gegen den Vater gerichtete Todesfantasien („wenn er fiele und zerschmetterte!“, S. 25, Z. 407 f.). Schließlich verkündet der Vater das Urteil (Assoziation zum Titel der Erzählung): „Ich verurteile dich jetzt zum Tode des Ertrinkens!“ (S. 27, Z. 464 f.)

Der Tod des Protagonisten beruht auf dem „Urteil“ des Vaters

- Der fünfte und letzte Abschnitt stellt den Selbstmord Georgs dar, wobei unter Selbstmord nicht „Freitod“ im Sinne eines freien Entschlusses zu verstehen ist, sondern eher das Todesurteil – vom Vater verhängt – gemeint ist. Wendungen wie „Georg fühlte sich aus dem Zimmer gejagt“ oder „zum Wasser trieb es ihn“ (S. 27, Z. 474) verdeutlichen, dass der Protagonist weitgehend fremdbestimmt handelt.
  Den „Schlag“, mit dem der Vater anschließend zusammenbricht und auf das Bett stürzt, nimmt Georg zwar noch wahr, er beeinflusst sein Handeln aber nicht weiter. Sein leiser Abschiedsruf („Liebe Eltern, ich habe euch doch immer geliebt“, S. 28, Z. 481 f.), unmittelbar vor dem Fall ins Wasser, zeigt subjektives Unverständnis aus fast kindlicher Perspektive.

Aus Lesersicht betrachtet, verschieben sich so am Ende die moralischen Gewichte auf die Seite Georgs, ihm gilt zunächst unser Mitgefühl – dies macht aber die Interpretation nicht gerade leichter.

Deutungsansätze

Mögliche Interpretationen stehen und fallen mit der Erfassung der Figuren und ihrer Beziehung zueinander:

- Welche Rolle könnte der ferne Freund spielen?
- Wie sind Georgs Verhalten und Einstellungen zu bewerten?
- Wie lassen sich das Handeln und die Anklagereden des Vaters verstehen?

Erschließungsfragen zu den Figuren stehen bei der Deutung im Vordergrund

Sicherlich liegen Parallelen und Entsprechungen zur aktuellen Lebenssituation Kafkas auf der Hand, schlägt sich die abzusehende Verlobung mit Felice Bauer in diesem Text nieder: und das nicht nur in der leicht zu entschlüsselten Namensanalogie zwischen Felice Bauer und Frieda Brandenfeld sowie zwischen Georg Bendemann und Franz Kafka selbst – der Autor hat diesen Zusammenhang in einem Tagebucheintrag ausführlich dargestellt.

Der Text verweist auf Kafkas Lebenssituation, während er die Erzählung niederschrieb

Dennoch kann man mit dem Aufzeigen autobiografischer Zusammenhänge zwar Schreibanlass und lebensgeschichtliche Hintergründe erkunden, aber den literarischen Text hat man damit noch nicht interpretiert.

Während der Abfassung des URTEILS war Kafka in doppelter Hinsicht – geschäftlich wie privat – dabei, eine bürgerliche Lebensweise aufzubauen, wie sie den Wünschen des Vaters entsprochen hätte. Bereits ein Jahr zuvor, 1911, war Franz Kafka zusammen mit seinem Schwager Karl Herrmann Mitbesitzer einer Prager Asbestfabrik geworden, sein Vater hatte ihm die Beteiligung finanziert. Bezogen auf seine bürgerlich gesellschaftliche Existenz, plante er die Gründung einer Familie, wobei die Ehe dafür damals die unabdingbare Voraussetzung war. Mit seiner Erfüllung dieser beiden ‚Aufgaben' würde Kafka dem Ideal des Vaters erheblich näher rücken.

Vater-Sohn-Konflikt: eine psychologische Interpretation ist hier möglich

Tiefenpsychologisch betrachtet – und unter Einbeziehung der Autorenbiografie – **können der Petersburger**

Freund und Georg als figürlich gefasste Projektion verstanden werden, zutage gefördert aus dem konfliktreichen Innenleben der Autorenpersönlichkeit. Der Petersburger Freund verkörpert den ungeselligen, sozial wenig integrierten und wenig erfolgreichen Persönlichkeitstyp, der als Junggeselle lebt. Georg steht für den im Sinne des Vaters erfolgreichen, sozial angepassten Wirtschaftsbürger.

Beide Aspekte bildeten innerhalb der Persönlichkeit des Autors Kafka einen Gegensatz, verbunden mit dem – einmal stärker, dann wieder schwächer sich ausprägenden – Vater-Sohn-Konflikt und der ständig vorhandenen Sorge um seine schriftstellerische Freiheit und Produktivität.

Auf der Ebene des literarischen Textes kann so die Briefkommunikation zwischen Georg und dem Jugendfreund als Versuch der Integration dieser unterschiedlichen Persönlichkeitspole gewertet werden. Aber nicht nur die Haltung des Vaters verurteilt diese Vermittlung zum Scheitern. Georg selbst betreibt diese Kommunikation mit einem dominanten Machtverhalten. Informationen werden unter dem Vorwand vermeintlicher Fürsorge zurückgehalten, verdrängt oder in manipulativer Verzögerung – wie die Verlobung Georgs – und in heuchlerischer sowie demütigender Weise als vollendete Tatsache mitgeteilt.

Gestörte Kommunikation zwischen Vater und Sohn

Die Kommunikation ist gestört und asymmetrisch, Wechselseitigkeit und Wahrhaftigkeit sind nicht gegeben. Nur wenig entlastet der ins Feld geführte Hinweis Georgs, schon vor zwei Jahren, anlässlich des Todes der Mutter, habe der Freund „sein Beileid in einem Brief mit einer Trockenheit ausgedrückt, die ihren Grund nur darin haben konnte, daß die Trauer über ein solches Ereignis in der Fremde ganz unvorstellbar wird." (S. 15, Z. 76 ff.)

Warum aber verurteilt der Vater gerade jenen Sohn, der seinen eigenen Lebensvorstellungen und -prinzipien am nächsten kommt, und verkündet offen seine Präferenz für jemanden, der in der Fremde, inmitten der russischen Revolutionswirren, als Außenseiter dem Untergang nahe steht?

Georgs Machtstreben will den Vater ‚aus dem Weg räumen'

Eine Erklärung ist das Machtstreben Georgs, die ökonomische und – angesichts der bevorstehenden Heirat – sexuelle sowie machtpolitische Verdrängung des Vaters, die Georg Zug um Zug ins Werk setzt. Schon der Tod der Mutter hatte Georg dazu motiviert, „sein Geschäft mit größerer Entschlossenheit" anzupacken. Weiter heißt es:

> *Vielleicht hatte ihn der Vater bei Lebzeiten der Mutter dadurch, daß er im Geschäft nur seine Ansicht gelten lassen wollte, an einer wirklich eigenen Tätigkeit gehindert, vielleicht war der Vater seit dem Tode der Mutter, trotzdem er noch immer im Geschäft arbeitete, zurückhaltender geworden, [...] jedenfalls aber hatte sich das Geschäft in diesen zwei Jahren ganz unerwartet entwickelt, das Personal hatte man verdoppeln müssen, der Umsatz hatte sich verfünffacht, ein weiterer Fortschritt stand zweifellos bevor. (S. 15, Z. 81 – S. 16, Z. 92)*

Der Vater bäumt sich gegen seinen Sohn auf

Der Vater wird Schritt für Schritt verdrängt; im Geschäft, im Privatleben, bald auch – so die Pläne von Georg – im eigenen Haus. Da Georgs Vater und er selbst über dieselben Machttechniken verfügen, ist eine Konsultation des Vaters, bezogen auf die angemessene briefliche Mitteilung der Verlobung, für diesen vielleicht eine der letzten Chancen, die schwächer werdenden Kräfte zu bündeln und gegen den Konkurrenten im eigenen Haus zu wenden.

Eine sozialhistorische Interpretation wäre ebenfalls denkbar

Ein zweiter möglicher Deutungsansatz wäre ein sozialhistorischer bzw. soziokultureller, wenn man die Handlungsnormen und Verhaltensweisen nicht nur als individuell gegeben, sondern als zeittypische Muster im frühen 20. Jahrhundert ansieht.

Wenn der Vater hervorhebt, der Petersburger Freund sei „ein Sohn nach [s]einem Herzen" (S. 23, Z. 348), kann das zweierlei bedeuten: Er kann damit auf dessen Harmlosigkeit als Konkurrenten anspielen, aber auch dessen Andersartigkeit als zeitgemäßes Verhalten würdigen: Während Georg in traditioneller Weise das Konzept ‚Aufstieg durch Anpassung' verfolgt, erkennt der Freund in einer veränderten historischen Situation veränderte Anforderungen und versucht, diesen angemessen zu begegnen. Vielleicht ist deshalb am Ende jener Freund aus längst vergangenen Jugendzeiten die einzige Figur, die Überlebenschancen hat.

Symbolik bei Kafka: die Brücke am Ende der Erzählung

Eine sehr hoffnungsvolle Perspektive ergibt sich daraus allerdings nicht. Nimmt man den Schlusssatz („In diesem Augenblick ging über die Brücke ein geradezu unendlicher Verkehr.", S. 28, Z. 483 f.) als Symbol für die anonym gewordenen Marktmechanismen, die das traditionelle bürgerliche (Wirtschafts-)Subjekt ablösen, so umgibt den „gerade noch" existierenden Freund – in der erlebten Rede Georgs – ein Szenario der Verwüstung des bürgerlichen Wirtschaftsraums („Verloren im weiten Rußland sah er ihn. An der Türe des leeren, ausgeraubten Geschäftes sah er ihn. Zwischen den Trümmern der Regale, den zerfetzten Waren, den fallenden Gasarmen stand er gerade noch.", S. 24, Z. 362 ff.).

Der Text beinhaltet sozialgeschichtliche Hintergründe

Wenn man diesem sozialgeschichtlichen Ansatz – wie ihn etwa der Germanist Richard Grey vertritt – folgt, so stellt Das Urteil zwei gleichermaßen ausweglose Lebensalternativen für das heranwachsende Bürgertum Europas zu Beginn des 20. Jahrhunderts dar: entweder die Nachahmung sich verhärtender bürgerlicher Lebensumstände, in denen aufrichtige Kommunikationsverhältnisse und Mitmenschlichkeit keinen Platz mehr haben oder eine Existenz in Ohnmacht und Passivität angesichts einer Revolution von unten.

Die Verwandlung

Entstehung

Wie Das Urteil und Der Heizer – der später den Amerika-Roman eröffnen sollte – ist auch Die Verwandlung in jenen für den Schriftsteller Kafka produktiven Jahren 1912/13 entstanden. Die Erzählung verfasste Kafka zwischen Mitte November 1912 und Anfang Januar 1913, aber nicht – wie Das Urteil – in einem kontinuierlichen Schreibfluss, sondern mühsamer: Das Schreiben war von mehrfachen Unterbrechungen geprägt, Kafka klagte gegenüber Felice über „Ermüdungszustände", bekundete seinen „großen Widerwillen" gegenüber der Geschichte und attestierte ihr in seinem Tagebuch ein „unlesbares Ende" – ein Werturteil, über das noch zu sprechen sein wird.

Die Verwandlung gehört zu den berühmtesten Erzählungen von Kafka

Inhalt

Die Erzählung beginnt – im übertragenen Sinne – mit einem ‚Paukenschlag', niedergelegt im ersten Satz: „Als Gregor Samsa eines Morgens aus unruhigen Träumen erwachte, fand er sich in seinem Bett zu einem ungeheueren Ungeziefer verwandelt." (S. 28, Z. 5 ff.) Kafka liebte solche ‚starken' Erzählanfänge, die Spannung aufbauen, sofort die Aufmerksamkeit fesseln, aber auch hohe Erwartungen in Bezug auf den weiteren Handlungsverlauf wecken.

Ein ‚starker' Erzählbeginn kennzeichnet den Text

Zugleich zeigt sich damit auch bei einer größeren Erzählung wie der Verwandlung der Unterschied zur Novelle: Es erfolgt kein langsam steigernder Aufbau hin zur ‚unerhörten Begebenheit', diese ist vielmehr mit dem ersten Satz gegeben. Gleichzeitig erschwert die besondere Art des hier eingeführten zentralen Symbols eines „ungeheueren Ungeziefers" die Interpretation erheblich, denn es wird weder als Traum aufgelöst (vgl. S. 28, Z. 13 f.: „Es

Unterschied zur Novelle

war kein Traum."), noch werden irgendwelche Ursachen für diese merkwürdige Verwandlung genannt.

Des Weiteren zeigt bereits dieser erste Satz wiederum jene schon beschriebene ‚Einsinnigkeit' des Erzählens als eine radikal subjektive Form personalen Erzählens – Gregor war nicht verwandelt ‚worden', er „fand sich" vielmehr verwandelt.

Auf diese Weise beginnt eine – je nach Textausgabe – 44 bis 50 Seiten lange Geschichte, die in drei etwa gleichlange Kapitel untergliedert ist. In den Kapiteln wird diese seltsame Familiengeschichte jedoch nicht durchgehend chronologisch erzählt: Den größten Teil aller drei Kapitel nimmt die in der Erzählergegenwart spielende Hauptgeschichte ein, die mit der Wahrnehmung der Verwandlung durch Gregor beginnt und mit dem Tod dieser Figur endet. Nach dieser personal erzählten Hauptgeschichte folgt eine die Familie noch kurz begleitende Nachgeschichte, die aufgrund von Gregors Tod in auktorialer Erzählhaltung abgefasst ist. Die für das Verständnis der Handlung wichtige Vorgeschichte wird in verstreuten Einzelinformationen nachgetragen, fügt sich für den Leser puzzleartig zu einem Gesamtbild zusammen und deckt das Vergangene schrittweise auf.

DIE VERWANDLUNG ist in drei Kapitel gegliedert

Kapitel I beginnt für Gregor Samsa als Zustand zwischen Realität und Traum

Kapitel I: Nach dem Erwachen und der Wahrnehmung seines veränderten Zustands befindet sich Gregor zunächst in einer Art Zwischenzustand zwischen Traum und Wachen. Er nimmt seinen veränderten Körper langsam wahr, geknüpft an die Handlungen, die er ausführen möchte. Er will die Veränderung der Traumwelt zerschlagen, aber es gelingt nicht.

So nimmt er etwa sein Zimmer, „ein richtiges, nur etwas zu kleines Menschenzimmer" (S. 28, Z. 14 f.), völlig real wahr. Gleichzeitig erkundet er seinen neuen Körper, ohne jedoch in Panik zu verfallen. Noch immer glaubt er an eine

Art Fehlwahrnehmung, diesmal aufgrund seines „anstrengenden Berufs“ (S. 29, Z. 40 f.) – Gregor ist Handlungsreisender. Dieser Beruf ist, so erfahren wir in einem ersten Nachtrag, durch „Aufregungen“, „Sorgen“ sowie einen „nie herzlich werdenden menschlichen Verkehr“ (S. 29, Z. 46 f.) geprägt. Längst hätte er diesen Beruf aufgegeben – so Gregor – müsste er nicht die Schulden seiner Eltern abbezahlen. Fünf bis sechs Jahre würde er dazu noch benötigen, wobei er fünf Jahre diesen Dienst bereits versieht. Dies reflektierend, fällt sein Blick auf den Wecker und er stellt fest, dass er um mindestens zweieinhalb Stunden verschlafen hat, seinen Zug also nicht mehr erreichen kann.

Berufliche Situation von Gregor Samsa

Nun gewinnt die Handlung an Fahrt, aber auf asymmetrische Weise. Mutter, Vater und Gregors Schwester mahnen an jeweils einer der drei Türen des Zimmers zum Aufbruch. Im Bett des abgeschlossenen Zimmers müht sich Gregor, mit seinem neuen Körper überhaupt erst einmal aufzustehen. Schließlich – um 7.10 Uhr – kurz nach Geschäftsöffnung, trifft bereits der Prokurist der Firma ein, um nach Gregor zu sehen. Aber es ist kein fürsorglicher Besuch, sondern eher einer, der auf Disziplinierung abzielt. **Hier findet sich das in vielen Kafka-Texten vorkommende Motiv des missgünstigen Vorgesetzten und Konkurrenten,** vor dem der Protagonist auf der Hut zu sein hat, der ihn übervorteilt, wenn er unaufmerksam ist oder Schwäche zeigt.

Zügig treten andere Figuren in die Handlung ein: die Familie und der Prokurist

Mehr zum Thema Angestellten-existenz ➤ siehe Oldenbourg Interpretation zur VERWANDLUNG (Kapitel 4.8.2)

Während es Gregor endlich gelingt, aus dem Bett zu fallen, entspinnen sich draußen Gespräche, vor allem zwischen dem Vater und dem Prokuristen – jener beginnt, mit harten beruflichen Konsequenzen zu drohen. Gregor antwortet von innen vehement, ist aber für seine menschliche Umwelt schon nicht mehr zu verstehen – seine Stimme hat sich bereits verändert, die ‚Vertierung‘ schreitet voran. Der Vater schickt die Schwester, einen

Die ‚Vertierung‘ Gregors vollzieht sich bereits

Schlosser zu holen, um die Tür zu öffnen, während sich Gregor selbst an diese Aufgabe macht, sich aufstellt und mit seinen Kiefern versucht, den Schlüssel zu drehen. Er schafft es schließlich, die Tür zu öffnen. Der Prokurist sieht ihn zuerst und setzt sogleich zur Flucht an, die er dann auch schrittweise vollziehen wird. Die Mutter sinkt entsetzt in sich zusammen, der Vater hingegen „ballte mit feindseligem Ausdruck die Faust." (S. 43, Z. 518 f.)

Gregors erster Kontakt mit seiner Umwelt nach der Verwandlung

In einer längeren Rede versucht Gregor, den Prokuristen für sich einzunehmen, ihn milde zu stimmen, aber dieser setzt wortlos, Gregor dabei nicht aus den Augen lassend, seine Flucht fort. Gregor will ihm nachlaufen, dringt ins Wohnzimmer vor, erschreckt dabei seine Mutter, welche wiederum die Kaffeekanne umwirft. Der Vater ergreift schließlich den Gehstock des Prokuristen, den dieser zurückgelassen hat, sowie eine Zeitung und beginnt, Gregor in sein Zimmer zurückzutreiben. Schließlich gibt er ihm einen heftigen Stoß, sodass sich Gregor eine „heftig blutende" Wunde zuzieht, und wirft die Zimmertür hinter ihm zu.

Kapitel II kann man auch ‚Familienkapitel' nennen, da hier nur Gregors Familie auftritt

Kapitel II: Dieses Kapitel erzählt von den Veränderungen, die Gregor an sich selbst und in seinem Verhältnis zur Familie erlebt. Diesen mittleren Erzählabschnitt könnte man das ‚Familienkapitel' nennen, denn anders als im ersten und im dritten Kapitel treten keine Personen von außen hinzu.

Die Schwester, Grete, wird zur zentralen Kontaktperson Gregors und erhält den Kontakt zur Familie aufrecht. Sie stellt verschiedene Speisen in sein Zimmer und Gregor merkt, dass sich seine Essensvorlieben geändert haben. Dieser Textabschnitt strahlt zunächst eine gewisse Ruhe und Entspannung der Situation aus, da die Schwester diese Aufgabe übernimmt:

- Ein solidarisches Handeln scheint sich abzuzeichnen,
- Gregor beginnt, sich mit seiner Käferexistenz zu arrangieren,
- retrospektive Elemente sind eingearbeitet, in denen Gregor beispielsweise „einen großen Stolz darüber [empfindet], daß er seinen Eltern und seiner Schwester ein solches Leben in einer so schönen Wohnung hatte verschaffen können." (S. 51, Z. 775 ff.)

Gregor lässt die „schönen Zeiten" an sich vorbeiziehen, als er seinen beruflichen Aufstieg vollzogen hatte, die gesamte Familie finanzieren konnte und sogar „sein geheimer Plan" realistisch erschien – Grete, die Violine spielte, auf ein Konservatorium zu schicken.

Mehr zu den Figuren ➤ siehe Oldenbourg Interpretation zur VERWANDLUNG (Kapitel 4.7)

Dieser zweite Textabschnitt offenbart aber auch in der Rückschau Charakterzüge und Verhaltensweisen der übrigen Familienmitglieder, die den Schluss zulassen, dass die Familie auf Kosten Gregors bisher ein recht bequemes Leben geführt hat. Doch auch hier eskaliert die Situation zum Kapitelende hin: Gregor liebt es inzwischen, über Wände und Decke zu kriechen, und Grete will daraufhin die Möbel aus seinem Zimmer entfernen, um ihm dies besser zu ermöglichen. Dazu braucht sie die Hilfe der Mutter, die aber Bedenken geltend macht: Gregor sei an die Zimmermöbel gewöhnt und könne sich deshalb in dem leeren Zimmer verlassen fühlen und den gesamten Vorgang als Signal der Hoffnungslosigkeit empfinden.

Die Funktionen des 2. Kapitels sind vielfältig

Gregors Möbel sind Teil seiner menschlichen Identität

Gregor stimmt ihr innerlich zu:

Nichts sollte entfernt werden; alles mußte bleiben; die guten Einwirkungen der Möbel auf seinen Zustand konnte er nicht entbehren; und wenn die Möbel ihn hinderten, das sinnlose Herumkriechen zu betreiben, so war es kein Schaden, sondern ein großer Vorteil. (S. 66, Z. 1268–1272)

Der Machtzuwachs der Schwester vollzieht sich aufgrund Gregors Transformation

Doch die Schwester, die innerhalb der Familie durch ihre Sonderstellung einen Machtzuwachs erlebt hat, setzt sich durch. So geht Gregor in die Offensive, versucht, wenigstens „das Bild der in lauter Pelzwerk gekleideten Dame" (S. 69, Z. 1345 f.) zu retten, indem er sich daraufsetzt. Als die Mutter ihn sieht, wird sie ohnmächtig. Die Schwester versucht, sich im Nebenzimmer um sie zu kümmern, wo sich nun auch Gregor befindet.

Gregors Vater fügt dem Käfer erneut eine schwere Verwundung zu, die auf ein schlimmes Ende deutet

Als der Vater, der inzwischen wieder berufstätig ist, nach Hause kommt, beginnt er, Gregor mit Äpfeln zu „bombardieren" – einer davon dringt tief in Gregors Rücken ein und verletzt ihn schwer. Es ist die zweite Verwundung, die ihm der Vater beibringt.

Kapitel III: Durch diese Verletzung ist Gregor inzwischen zum „Invaliden" geworden. Als eine Art Ausgleich wird nun abends die Wohnzimmertür ein wenig geöffnet, um Gregor eine wenigstens passive Teilnahme am Familienleben zu erlauben. Dieses besitzt allerdings nicht mehr die frühere Lebhaftigkeit, sondern ist von Müdigkeit, Verbitterung und Starrsinn, insbesondere auf Seiten des Vaters, geprägt, der sich nun beispielsweise weigert, seine „straffe blaue Uniform mit Goldknöpfen [...], wie sie Diener der Bankinstitute tragen" (S. 72, Z. 1450 f.) zu Hause überhaupt noch abzulegen. Die Schwester hat inzwischen eine Stelle als Verkäuferin angenommen, die Mutter näht für ein Modegeschäft. Trotz allem erlebt die Familie einen materiellen Niedergang – das Dienstmädchen wird entlassen, Schmuckstücke werden versetzt, die große Wohnung wird nicht mehr lange zu halten sein.

Gregors Veränderung verändert auch das Familienleben – schlagartig

Hoffnungslosigkeit macht sich breit; Gregor reagiert darauf mit Schlaflosigkeit. Die Schwester vernachlässigt Gregor nun immer mehr, stattdessen engagiert man eine alte „Bedienerin", die vor Gregor weder Respekt noch

Angst hat, ihn stattdessen mit Beleidigungen drangsaliert und aus seinem Zimmer eine Art Rumpelkammer macht, in die alles Überflüssige gebracht wird.

Und davon gibt es inzwischen allerlei, denn die Familie hat zur Aufbesserung ihrer Einnahmen inzwischen drei Untermieter aufgenommen. Durch ihre Anwesenheit kommt es zum endgültigen Eklat: Als Grete ihnen eines Abends ein kleines Violinkonzert gibt, wird Gregor davon auf außerordentliche Weise ergriffen: „Ihm war, als zeige sich ihm der Weg zu der ersehnten unbekannten Nahrung." (S. 85, Z. 1886 f.) Gregor kommt aus seinem Zimmer hervor und wird prompt von einem der Untermieter entdeckt, der deshalb zusammen mit den anderen das Mietverhältnis kündigt. „Weg muss es", lautete daraufhin das Urteil der Schwester über Gregor. Dieser hatte bereits seit längerer Zeit die Nahrungsaufnahme weitgehend eingestellt. Über seine innere Einstellung heißt es im Text: „An seine Familie dachte er mit Rührung und Liebe zurück. Seine Meinung darüber, daß er verschwinden müsse, war womöglich noch entschiedener als die seiner Schwester." (S. 91, Z. 2095 ff.) Am nächsten Morgen stirbt er, seine Überreste wird später die Bedienerin beseitigen.

Gregor wird von den Untermietern ‚entdeckt': Es kommt zum endgültigen Eklat

Gregors Schicksal ist mit dem Urteil der Schwester besiegelt

Gregors Tod

Die restliche Familie scheint nun neue Kraft und Lebensmut zu schöpfen: Die Untermieter werden selbstbewusst hinausgeworfen, die Entlassung der Bedienerin ist für den Abend geplant. Zunächst will man sich einen Ferientag gönnen, im „Freien vor der Stadt." (S. 96, Z. 2257). Herr und Frau Samsa denken nun an die Zukunft, für die eine Verheiratung Gretes als nächstes Ziel ins Auge gefasst wird.

Die Nachgeschichte als Idyll

Aufbau und Gestaltung des Textes

Auf die besondere Kapiteleinteilung der VERWANDLUNG und die verwendete Erzählweise wurde bereits oben hingewiesen. Personales Erzählen in dieser Form zwingt den Leser, die Perspektive der Hauptfigur einzunehmen, lässt ihn Vermutungen, Unsicherheiten und Gefühlszustände des Protagonisten stärker empfinden als bei der Zuhilfenahme eines bewertenden und einordnenden auktorialen Erzähler. Dass sich der Leser dennoch nicht völlig mit der Perspektivfigur identifiziert, dafür sorgen mehrere erzählerische Mittel:

- Zum einen ist dies die Wahl der Tiergestalt, die auf den Leser immer wieder eine Distanz schaffende Wirkung ausübt.
- Des Weiteren behält der Leser in der Regel einen intellektuellen Vorsprung gegenüber Gregor, da dieser mit einer Art ‚nachhinkendem Bewusstsein' ausgestattet ist. **Gregor findet sich zwar körperlich verwandelt vor (als Käfer), behält aber zunächst sein menschliches Bewusstsein. Daraus bezieht die Erzählung ihren Reiz, nur so kann überhaupt personal erzählt werden.** Gregors Bewusstsein ist aber von Beginn an so gesteuert, dass er bestimmte Handlungen in ihren Auswirkungen nicht übersieht, sich nicht oder nur unvollständig in andere Personen hineinzuversetzen vermag und er Situationen oft nicht realistisch einschätzen kann.

  So denkt er noch an eine Fortsetzung seiner Berufstätigkeit, als dem Leser schon längst die Unmöglichkeit dieser Absicht klar ist. Er möchte den Prokuristen nach dem Öffnen der Tür in einer langen Rede milde stimmen, ohne zu bedenken, dass dieser ihn wohl vor allem als einen Furcht einflößend großen Käfer, der ihn mit Zischlauten verfolgt, wahrnimmt. Und wenn

Der Leser baut eine Distanz zu Gregor auf

Gregor aus alter Gewohnheit den vom Tisch herabfließenden Kaffee aufzunehmen versucht, wird das damit verbundene Schnappen seiner Kiefer von Mutter und Vater als Bedrohung interpretiert. Als Leser verstehen wir dieses Verhalten, Gregor vermag es nicht einzuschätzen.

- Gregor macht trotz vollzogener körperlicher Verwandlung im Lauf der Erzählung eine Metamorphose durch – hinsichtlich seiner Essgewohnheiten, seiner Verhaltensweisen und auch seines menschlichen Bewusstseins, das ebenfalls einem Reduktionsprozess unterliegt. Um diese seine menschliche Identität kämpft er bis zuletzt, deutlich insbesondere in der Kontroverse um das Ausräumen seines Zimmers; die Bedenken der Mutter wirken wie folgt auf ihn:
  „Beim Anhören dieser Worte der Mutter erkannte Gregor, daß der Mangel jeder unmittelbaren menschlichen Ansprache, verbunden mit dem einförmigen Leben inmitten der Familie, im Laufe dieser zwei Monate seinen Verstand hatte verwirren müssen, denn anders konnte er es sich nicht erklären, daß er ernsthaft danach hatte verlangen können, daß sein Zimmer ausgeleert würde.“ (S. 66, Z. 1253 – Z. 1259)

Gregors Metamorphose vollzieht sich auf verschiedenen Ebenen

Der Kapitelaufbau der Erzählung ist vergleichsweise präzise und teilweise analog angelegt: Zwei Kapitel beginnen mit Gregors Erwachen, im dritten finden wir ihn fast schlaflos vor. Er unternimmt drei Ausbruchsversuche, die letztlich Versuche menschlicher Kontaktaufnahme oder Hilfeleistung sind. Jedes Mal werden diese Versuche von der Familie unterbunden, davon zweimal durch Verletzungen, die ihm der Vater zufügt.

Das Motiv der Verwandlung stammt eigentlich aus der Gattung Märchen

Die Verwandlung handelt vom ‚Aussteiger' Gregor Samsa

Verschiedene Aspekte von Strafe spielen eine Rolle: Verwandlung als Strafe, Gregors Isolation als Strafe usw.

Deutungsansätze

Durchgehend bündige, geschlossene Deutungen lassen sich für diese Erzählung kaum anführen, es sei denn, sie würden von religiösen oder ideologischen Positionen aus an die Geschichte herangetragen.

Dennoch lassen sich – durch den Text abgesichert – einige mögliche Deutungsaspekte festhalten:

- Das Verwandlungsmotiv verweist auf die Gattung Märchen, wobei der Handlungsgang eine Deutung als Antimärchen zulässt. Das desillusionierende Ende lässt keine Versöhnung zu, sondern könnte die Unvernünftigkeit, vielleicht auch Unmenschlichkeit und moralische Fragwürdigkeit der Gesellschaft beleuchten.
- Will man einen positiven Ansatz verfolgen, so lässt sich die VERWANDLUNG auch als Aussteigergeschichte lesen: als Verweigerung gegenüber sozialen und beruflichen Anforderungen, als Rebellion gegen menschenunwürdige berufliche Zwänge, die, von der Sehnsucht nach einer „unbekannten Nahrung" (S. 85, Z. 1887) angetrieben, letztlich doch mangels Perspektive scheitert.
- Negativ betrachtet, lässt sich die VERWANDLUNG auch unter dem Aspekt der Entfremdung, bzw. Selbstentfremdung wie auch etwa der Strafe verstehen: Als Ausdruck sozialer Vereinsamung inmitten der Familie – Gregors Leben in und mit der Familie beschränkt sich auf abendliche Laubsägearbeiten sowie das Studium von Fahrplänen – und Entfremdung im Berufsleben, als umhergetriebener Reisender wie auch im Konkurrenzkampf der betrieblichen Hierarchie.
  Auch der Aspekt der Strafe kann in ganz unterschiedlicher Weise ausgelegt werden, beispielsweise kann man die Verwandlung als Bestrafung für die unerhörte Selbstverleugnung ansehen, die Gregor sich selbst

angedeihen lässt: Eine Familie, die parasitäre Verhaltensweisen aufweist, lebt auf seine Kosten und betrügt ihn sogar in finanziellen Belangen. Er selbst erklärt sich mit jeglichem Verhalten der Familie, selbst mit seiner Verurteilung zum Tod, einverstanden. Darauf könnte sich Kafkas Urteil vom „unlesbaren Ende" der Geschichte beziehen.

Selbstverständlich lassen sich auch thematische Einzelaspekte benennen:

- Die präzise Schilderung der Angestelltenverhältnisse etwa, als einer neuen Schicht, die in ihrer inneren wie äußeren Verfassung gezeigt wird,
- ebenso die neuerliche Variante des Vater-Sohn-Konflikts mit zahlreichen Parallelen zum BRIEF AN DEN VATER und zur Erzählung DAS URTEIL (etwa: Macht und ‚Wiederauferstehung' der Vaterfigur).

Mehr zum Verwandlungs- und Käfermotiv ➤ siehe Oldenbourg Interpretation zur VERWANDLUNG (Kapitel 4.8.1)

Bei allen Interpretationen sollten zwei Dinge erwogen werden:

- Das Verwandlungsmotiv hat in erster Linie funktionalen, danach erst symbolischen oder allegorischen Charakter (bezogen auf die Tiergattung etc.). Funktional bedeutet die Verwandlung Gregors einen Rollenbruch, d. h. die soziale, berufliche, familiäre Rolle kann nicht mehr wie zuvor ausgefüllt werden. Dies schränkt die Zahl möglicher Deutungen erheblich ein.
- Die letztliche Sinnkonstruktion liegt beim Leser, dessen Wahrnehmungsweise und Erfahrungshintergrund.

Die „Arbeiter-Unfall-Versicherungs-Anstalt“ in Prag (mit Dienstsiegel), wo Franz Kafka arbeitete

Der Heizer

Entstehung

Die längere Erzählung Der Heizer ist das erste Kapitel des Romanfragments Der Verschollene (entstanden 1912/13), das 1927 posthum unter dem Titel Amerika veröffentlicht wurde. Die in sich abgeschlossene Romanexposition erschien erstmals 1913 unter dem Titel Der Heizer bei dem Verleger Kurt Wolff als dritter Text der neuen Reihe Der jüngste Tag, in der die wichtigsten Schriftsteller des Expressionismus versammelt sind.

Inhalt

Protagonist der Erzählung: Karl Roßmann

Der Protagonist der Erzählung ist der siebzehnjährige Karl Roßmann. Er wird von seinen Eltern nach Amerika geschickt, weil ein Dienstmädchen ihn verführt und ein Kind von ihm bekommen hat. Roßmann merkt bei der Ankunft seines Schiffes im New Yorker Hafen, dass er seinen Regenschirm vergessen hat, und überlässt seinen Koffer der Obhut eines Passagiers, um den Regenschirm zu suchen. Auf den labyrinthischen Wegen durch das leere Schiff trifft er auf den Schiffsheizer, der ihn in seine Kajüte bittet, wo sich ein Gespräch zwischen den beiden entwickelt. In diesem gibt der Heizer dem jungen Mann Ratschläge, spricht aber auch seine eigenen dienstlichen Probleme mit dem Obermaschinisten Schubal an. Um in dem Konflikt Gerechtigkeit herzustellen, begeben sich die beiden zur Kapitänskabine und bringen den Fall vor. Karl schlägt sich auf die Seite des Heizers und versucht, ihn zu verteidigen.

Roßmanns Begegnung mit dem Heizer (= Titelfigur)

Da gibt sich plötzlich einer der anwesenden höher gestellten Herren als Karls Onkel zu erkennen, der von dem Dienstmädchen von dessen Ankunft informiert worden ist. Karl kann sich zunächst nicht über den unvermutet auftauchenden Verwandten freuen, an dessen Wohlstand er künftig teilhaben könnte. Denn es fällt ihm schwer, sich vom Heizer zu lösen, für den er ein Gefühl der Verantwortlichkeit entwickelt hat. Er verlässt aber schließlich mit dem Onkel das Schiff.

Aufbau und Gestaltung des Textes

Der äußerlich wenig gegliederte Text lässt sich in verschiedene Sinnabschnitte einteilen:

Gliederung des Textes in Sinnabschnitte

- Ankunft in Amerika, Verwirrung durch die neue Umgebung, Suche nach dem zurückgelassenen Regenschirm,
- Begegnung und Gespräch mit dem Heizer, Aufenthalt in dessen Kabine,
- gemeinsamer Gang zur Kapitänskajüte, Ziel: Gerechtigkeit herstellen,
- Klage des Heizers und Verhandlung darüber,
- der Onkel gibt sich zu erkennen,
- Vorgeschichte (Verführung) wird als Anekdote erzählt,
- Karl verlässt mit dem Onkel das Schiff und überlässt den Heizer seinem Schicksal.

Positiver Erzählbeginn: Ankunftseuphorie im Angesicht der Freiheitsstatue

Wie viele Texte Kafkas beginnt auch Der Heizer mit einer positiv konnotierten Situation („die freien Lüfte“ [S. 97, Z. 11]), die um die Freiheitsstatue wehen, Sonnenlicht, Karls Lachen, sein Übermut, sein Gefühl von Stärke), die sich schnell in ihr Gegenteil verkehrt: Die Suche nach dem vergessenen Regenschirm veranlasst Karl, seinen Koffer mit allem, was er aus der Heimat in die neue Welt mitgebracht hat, einem relativ Unbekannten zu überlassen, beim Gang durch das Schiff muss er sich seinen Weg „mühselig suchen“, bei seinem „Herumirren“ landet er schließlich in der Kabine des Heizers, die ihm kläglich, trüb und eng (vgl. S. 98, Z. 35 ff.) erscheint. Der Heizer, „ein riesiger Mann“ (S. 99, Z. 47), ruft in Karl ambivalente Gefühle hervor, die zwischen Geborgenheit und Ausweglosigkeit hin- und herschwanken. Im Verlauf des Gesprächs erkennt Karl schließlich, dass der Kontakt zum Heizer für beide Seiten nützlich sein kann: Für sich selbst sieht er die Chance, mit der Hilfe des Heizers seinen Koffer zurückzubekommen, der Heizer wiederum könnte von seinem Rat und seiner Unterstützung im Kampf um Gerechtigkeit profitieren.

Karl und der Heizer profitieren beide von ihrer Begegnung

In der Kapitänskajüte, wo der Heizer mit seinem Anliegen zunächst abgewiesen wird, stürmt Karl „ohne weitere Besinnung" auf den Oberkassier los und trägt den anwesenden Herren eine Verteidigungsrede für den Heizer vor. Während draußen „vor den Fenstern das Hafenleben weiter" (S. 113, Z. 518 f.) geht, „redet sich [der Heizer] allerdings in Schweiß" (S. 113, Z. 538 f.), sodass Karl sich zum neuerlichen Eingreifen veranlasst sieht und bereits „zur letzten Eroberung sich vollkommen bereit" (S. 118, Z. 706 f.) stellt.

In der Kapitänskajüte findet die Suche nach Gerechtigkeit statt

Durch das Auftauchen des Obermaschinisten Schubal, der seine Unschuld an dem Konflikt beteuert und bereit ist, Zeugen herbeizurufen, identifiziert sich Karl noch stärker mit dem Heizer. Die Situation erfährt jedoch eine neuerliche Wende, als einer der anwesenden Herren, Senator Jakob, Karl nach seinem Namen fragt. Der Herr gibt sich als Karls Onkel zu erkennen und „umarmt[e] und küsst[e]" Karl, dem sogleich vom Kapitän „eine glänzende Laufbahn" (S. 121, Z. 794) prognostiziert wird. Die nun folgende „Familienscene", in der Onkel Jakob Karls Vorgeschichte in anekdotischer Manier zum Besten gibt und dabei Karls Eltern der Verantwortungslosigkeit beschuldigt, lenkt von der Sache des Heizers ab. Auch Karls Gedanken wandern zurück in seine Heimat und zu dem Mädchen, für das er „aber keine Gefühle" hatte. Schlussendlich erkennt Karl den Senator als seinen Onkel an und beteuert: „Ich bin sehr froh, daß ich dich getroffen habe" (S. 126, Z. 961 f.).

Alle Anwesenden gratulieren Karl, der sogleich nach dem weiteren Schicksal des Heizers fragt, und, bestärkt durch seine neue Position, glaubt, endlich für Gerechtigkeit sorgen zu können und „die Entscheidung in der Hand zu haben." (S. 129, Z. 1045 f.). Diese Fehleinschätzung wird vom Onkel zurechtgerückt: Für die Angelegenheit des Heizers sei der Kapitän zuständig, denn es „handelt sich vielleicht um eine Sache der Gerechtigkeit, aber gleichzeitig um eine Sache der Disziplin" (S. 130, Z. 1079 f.). Unter Tränen muss Karl eingestehen, dass er ihm nach der Begegnung mit dem Onkel nicht mehr werde helfen können. „Der Heizer scheint dich bezaubert zu haben" (S. 131, Z. 1135) erkennt der Onkel und ermahnt ihn, seine Dankbarkeit jenem gegenüber „nicht zu weit" zu treiben und seine „Stellung [zu] begreifen" (S. 132, Z. 1140 f.). Bei der Abfahrt vom Schiff kommt es Karl vor, „als gebe es keinen Heizer mehr" (S. 134, Z. 1220 f.), gleichzeitig kommen ihm beim Betrachten des Onkels „Zweifel, ob dieser Mann ihm jemals den Heizer werde ersetzen können." (S. 134, Z. 1223 f.)

Der Heizer – eine ambivalente Figur

Deutungsansätze

Kafkas Texte verlangen eine aktive Lesehaltung und zwingen dazu, die Textstrukturen immer wieder zu hinterfragen:

- Inwieweit kann man dem Bild des Heizers, des Kapitäns, des Onkels, das ausschließlich aus der Figurenperspektive Karls entworfen wird, trauen?
- Ist Karl eine durchgehend positive Identifikationsfigur?
- Welche Bedeutung hat der an Reiseromane erinnernde Erzähleingang?
- Wieso trägt das Romanfragment den Titel DER VERSCHOLLENE?
- Welche Rolle spielt die Figur des Heizers, die dem Kapitel bzw. der Erzählung den Titel gibt?

Ähnlich wie Karl, der in der neuen Welt schnell die Übersicht verliert, wird auch der Leser in die Irre geführt und über die wahren Verhältnisse getäuscht. Karls Schicksal ist nicht das eines Verschollenen, sondern das eines Abgeschobenen, Verstoßenen. Die Geschichte des Heizers ist keine Episode einer Reiseerzählung, sondern prangert Unterdrückungsmechanismen im Arbeitsprozess an. Beide Geschichten erzählen vom Elend und ergänzen sich:

Verunsicherung des Lesers, der getäuscht wird

- Karl befindet sich wie ein Märchenheld zu Beginn in einer Mangelsituation (der verlorene Koffer verweist auf den Verlust von Familie und Heimat) und findet, „weil er fromm und gut ist", einen reichen Onkel.
- Der Heizer erleidet das komplementäre Schicksal: Er findet in Karl zwar einen Helfer, der ihn verteidigt, verliert aber in seiner Streitsache, weil Karl ihn am Schluss verlässt.

Die Biografien von Karl und dem Heizer sind zwei komplementäre Elendsgeschichten

Nach Kafkas Vorstellungen hätte Der Heizer zusammen mit der Verwandlung und dem Urteil einen Sammelband mit dem Titel Söhne ergeben sollen. Der Vater-Sohn-Konflikt, den Kafka selbst erlebt und im Brief an den Vater literarisch verarbeitet hat, ist also ein zentrales Thema der Erzählung. Neben Karls Vater, der ihn verstoßen hat, sind auch der Heizer, der Kapitän und der Onkel Figuren, die das väterliche Prinzip (Autorität, Macht, aber auch Fürsorge) vertreten.

Die Vater-Sohn-Beziehung spielt auch in diesem Text eine Rolle

Biografische Deutungsansätze ergeben sich auch aus Kafkas Auswanderungsfantasien, die er in seinen frühen Fragmenten immer wieder geäußert hat, und aus den Lebensläufen verschiedener nach Amerika ausgewanderter Mitglieder der jüdischen Großfamilie Kafka. Insbesondere das Schicksal seines Cousins Franz, der 1909 im Alter von 16 Jahren nach Amerika emigrierte und dort im Geschäft seines Bruders Otto arbeitete, ähnelt bis in Details der Geschichte von Karl Roßmann.

Fremdheit und Beziehungslosigkeit sind zentrale Motive

Durch den Konflikt mit dem Vater wird Karl Roßmann von Familie und Heimat isoliert und in eine als feindlich erfahrene fremde Umwelt gestoßen, deren Regeln er nicht kennt. Darin lässt er sich mit den Figuren Josef K. aus dem PROZESS und Gregor Samsa aus der VERWANDLUNG vergleichen. Da er selbst wenig Liebe und Geborgenheit erfahren hat – seinen Eltern ist die Vermeidung eines Skandals wichtiger als die Zukunft ihres Sohnes – bleiben auch Karls menschliche Kontakte äußerlich:

Karls Umgang mit Autoritäten ist schwierig

Zum Heizer entwickelt er ambivalente Gefühle, die zwischen Anerkennung als Vaterfigur (er äußert den Wunsch, auch Heizer zu werden), Regression in die Kind-Rolle (er wird vom Heizer ins Bett gesteckt), dem Ausspielen von Macht über ihn (er verteidigt ihn, ergreift die Initiative, um sein Schicksal zu klären) und schließlich sogar mütterlicher Fürsorge hin- und herpendeln, am Ende jedoch zugunsten des Onkels abgebrochen werden.

Autoritäten und Machtstrukturen werden im HEIZER thematisiert

Gegenüber den Autoritäten auf dem Schiff, an deren Spitze der Kapitän steht, ist Karls Verhalten von Kalkül geprägt. Durch genaue Beobachtung der Machtverhältnisse versucht er, Möglichkeiten des Eingreifens auszuloten, und macht sich einen Moment lang geradezu euphorische Hoffnungen, die Sache des Heizers zu dessen Gunsten entscheiden zu können. Damit zeigt er, dass er einerseits Machtstrukturen verinnerlicht hat, sie aber andererseits nicht durchschaut. Auch die kühle Prüfung der Identität des Onkels weist deutlich auf Karls Nützlichkeitsdenken im Umgang mit Menschen hin. Erst als ihm durch die Hinweise des Kapitäns klar wird, welche Vorteile er als Neffe des Senators genießen wird, erkennt er den Onkel an und unterwirft sich ihm mit einer Demutsgeste: Er küsst ihm die Hand (s. S. 126, Z. 960). Seine Emanzipationsbestrebungen, die durch die väterliche Verstoßung ausgelöst wurden, werden durch die Übernahme des Aufstiegsangebots seines Onkels zunichte gemacht.

Wie im PROCESS und im URTEIL spielt auch das Motiv der Sexualität eine wichtige Rolle: Karl wird von dem Dienstmädchen verführt, entwickelt dabei aber keine menschliche Beziehung zu ihr. In seiner Erinnerung (vgl. Rückblende) ist der Liebesakt ein rein körperlicher Vorgang, den er als „widerlich" empfindet. Aus psychologischer Sicht sind hier Verdrängungsmechanismen im Spiel, welche auf die Unfähigkeit hinweisen, die in der Pubertät erwachenden erotischen Bedürfnisse anzuerkennen.

Das Verführungsmotiv wird auch in diesem Text eingesetzt

Vor dem Gesetz

Entstehung

Wie EINE KAISERLICHE BOTSCHAFT ist auch VOR DEM GESETZ ein Lehr- und Veranschaulichungstext aus einem größeren literarischen Werk: Der als ‚Legende' bezeichnete Text ist Teil des „Dom"-Kapitels in Kafkas Roman DER PROCESS und wird dort von einem Gefängniskaplan der Hauptfigur Josef K. erzählt, um diesen über seine Fehleinschätzung in Bezug auf das Gericht zu belehren.

Um die Erzählung umfassend zu deuten, ist deshalb die Kenntnis des Romans erforderlich – doch auch für sich genommen ist der im Dezember 1914 entstandene Text interpretierbar. Dies entspricht auch der Sichtweise des Autors, der VOR DEM GESETZ für einen sehr gelungenen Text hielt, ihn aus dem Roman herauslöste und separat in dem Erzählband EIN LANDARZT veröffentlichte. Er kann somit als Parabel gelesen werden.

VOR DEM GESETZ ist eine Parabel, gehört aber eigentlich zu dem Roman DER PROCESS

Inhalt

Auffallend ist gleich zu Beginn, dass das GESETZ nicht als juristischer Text, sondern bildlich wie ein Gebäude beschrieben wird. Deshalb besitzt es auch ein Tor, welches von einem Türhüter bewacht wird; es steht jedoch „wie immer“ (S. 135, Z. 8) offen. Zu diesem Torhüter kommt ein „Mann vom Lande“ und bittet um „Eintritt“ in das Gesetz.

Der Türhüter antwortet ihm, dass dies prinzipiell möglich sei, „jetzt aber nicht“ (S. 135, Z. 7). Da der Türhüter sich nun sogar neben das offene Tor stellt, schaut der Mann hinein. Der Türhüter warnt ihn: „Wenn es dich so lockt, versuche es doch, trotz meines Verbotes hineinzugehn. Merke aber: Ich bin mächtig.“ (S. 135, Z. 11 ff.). Damit aber nicht genug: Nach ihm folgten noch weitere Säle mit wesentlich mächtigeren Türhütern.

Die Hierarchie der Türhüter erscheint unüberwindbar

Der Wächter vermittelt mit seinem „tartarischen Bart“ (S. 135, Z. 21 – mit ‚Tartaren‘ werden verschiedene Völker bezeichnet) einen Furcht einflößenden Eindruck, sodass sich der Mann vom Lande, der eigentlich erwartet hatte, das Gesetz sei „jedem und immer zugänglich“ (S. 135, Z. 18), entschließt, doch lieber zu warten. Er erhält einen Hocker und darf sich seitlich neben die Tür setzen. Dort wartet er nun Jahr um Jahr und bittet immer wieder um Einlass. Frage-und-Antwort-Spiele entwickeln sich, der Mann versucht, den Türhüter sogar auf allerlei Weise zu bestechen, doch er bleibt erfolglos.

Warten bis zum Tod

Schließlich wird er alt und „kindisch“ (S. 136, Z. 42), sein Körper beginnt zu erstarren und der Mann vom Lande hat nur noch eine letzte Frage: „Alle streben doch nach dem Gesetz, wieso kommt es, daß in den vielen Jahren niemand außer mir Einlaß verlangt hat?“ (S. 136, Z. 59 ff.). Der Türhüter brüllt dem beinahe Tauben ins Ohr: „Hier konnte niemand sonst Einlaß erhalten, denn dieser Eingang war nur für dich bestimmt. Ich gehe jetzt und schließe ihn.“ (S. 136, Z. 64 ff.)

Aufbau und Gestaltung des Textes

Der Text hat die klassische Gestalt einer Parabel, einer Beispielerzählung, die aufklären will, der aber hier eine konkrete Rahmenhandlung fehlt. Das Gesetz wird architekturmetaphorisch wie eine Aneinanderreihung von Gerichtsgebäuden beschrieben.

Wie bei der KAISERLICHEN BOTSCHAFT fällt auch hier wieder das Prinzip der Entgrenzung auf: Eine nahezu unendlich aufsteigende Hierarchie von immer mächtiger werdenden Wächtern und aneinander anschließenden Gebäuden erscheinen dem Individuum als unüberwindbar. Auch die zeitliche Dimension weitet sich gleich zur Dauer eines Menschenlebens aus. Dieses wird als gut „ausgerüstet" beschrieben, auch mit wertvollen Dingen. Dann jedoch erfolgt der Stillstand, der Protagonist erreicht sein Ziel nicht. Er verfällt zusehends (Parallelen zur VERWANDLUNG drängen sich auf), sein Bewusstsein trübt sich; er beginnt sogar, die Flöhe im Pelzkragen des Wächters um Hilfe zu bitten.

Das Leben des Mannes vom Lande wird durch das Gesetz und den Torhüter angehalten – und erstarrt

Aus der subjektiven Perspektive dringt nun Glanz aus der Tür des Gesetzes. Dann lassen Körperkräfte und Wahrnehmungsfähigkeit des Mannes vom Lande immer stärker nach – bis hin zum Tod.

Der Text ist in der von Kafka bevorzugten personalen Erzählweise gehalten, Dialoge herrschen am Anfang und am Schluss vor.

Deutungsansätze

Ansatzpunkte zur Deutung der Türhüter-Parabel bieten die Paradoxien und offenen Fragen des Textes, die sich dem Leser förmlich aufdrängen. Ein Paradoxon stellt etwa die Zugangsweise zum Gesetz dar: Der Zugang ist prinzipiell offen und möglich, aber nicht „jetzt". Ein anderer Zeitpunkt für den Einlass wird nie mitgeteilt. Als Fragen könnten sich gleich zu Beginn daran knüpfen:

Fragen nach dem verwehrten Zugang zum Gesetz drängen sich auf

- Warum tritt der Mann nicht einfach ein, sondern „bittet um Eintritt“?
- Warum bleibt er und wartet, statt zu gehen und zu einem späteren Zeitpunkt wiederzukommen?
- Schließlich das große Paradoxon am Ende: Gesetze sollten allgemein und allen zugänglich sein, wieso hat außer dem Mann vom Lande niemand Einlass begehrt?
- Und warum war dieser Zugang ausschließlich für ihn reserviert?

Bereits diese Widersprüche und Fragen ergeben, dass hier – wie bei der KAISERLICHEN BOTSCHAFT – offenbar wieder innerpsychische Vorgänge nach außen gekehrt, zu Erläuterungszwecken in eine äußere, parabolische Handlung ‚übersetzt' werden. Der Mann vom Lande tritt mit großer Autoritätsgläubigkeit auf, die Kehrseite davon ist Unmündigkeit – nicht umsonst wird er im Verlauf der Handlung als „kindisch“ bezeichnet.

Autoritätsgläubigkeit prägen den Mann vom Lande

Der zweite Aspekt ist seine völlige Fixierung auf den „Eintritt“ in das Gesetz: Er verlegt sich auf das Warten am Tor, weiht dieser Handlung sein ganzes Leben, ‚verwartet' es buchstäblich.

Bezieht man nun – wenigstens umrisshaft – die Handlung des PROCESS-Romans mit ein, so ergibt sich folgende Deutungsmöglichkeit: Mit der Türhüter-Legende will der Gefängnisgeistliche den Protagonisten Josef K., der einer ihm unbekannten Schuld wegen angeklagt wurde, über seine Täuschung bezüglich des Gerichts und seines Verfahrens belehren. Auch der Leser soll die Möglichkeit erhalten, aus Josef K.s Fehlern zu lernen.

Die Deutung des Textes muss im Zusammenhang mit dem PROCESS gesehen werden

Der Mann von Lande gibt – wie Josef K. – seine Freiheit auf, indem er sich nicht entfernt und gelegentlich zurückkehrt und auf das einmal gefasste Vorhaben vollständig fixiert ist. Dadurch verändert er sein Leben zu einer Existenz von äußerster Reduziertheit, teilweise entgleitet ihm sogar sein eigentliches Ziel, indem er sich in Detailbeobachtungen jenes ersten Türhüters verliert. Es ist nicht zuletzt dieses völlig unemanzipierte Verhalten, durch das er sich schuldig macht. Der Germanist Peter Beicken schreibt:

> *Bestimmend für das Sein der Menschen in der ‚sinnlichen Welt' ist ihr befangenes Bewusstsein, das sie nicht über das einschränkende Verhalten in sozialen Rollen zur Autonomie und freien Selbstbestimmung gelangen lässt. (Peter Beicken, Franz Kafka – Eine kritische Einführung in die Forschung, Frankfurt/M. 1974, S. 282)*

Dies lässt sich biografisch untermauern: Im BRIEF AN DEN VATER deutet Kafka den Schlusssatz des PROCESS-Romans in folgender Weise:

> *Ich hatte vor Dir das Selbstvertrauen verloren, dafür ein grenzenloses Schuldbewusstsein eingetauscht. (In Erinnerung an diese Grenzenlosigkeit schrieb ich von jemandem einmal richtig: ‚Er fürchtet, die Scham werde ihn noch überleben.') (Franz Kafka, Brief an den Vater, in: Das Kafka-Buch. Eine innere Biografie in Selbstzeugnissen, hg. von Heinz Politzer, Frankfurt/M. 1981, S. 34)*

Fehlendes Selbstvertrauen und Schuldbewusstsein sind Voraussetzungen für die in der Parabel gezeigte Autoritätsgläubigkeit und Fixierung, für das Versäumen eines freien, selbstbestimmten Lebens. Auch die neuere Forschung – etwa der Brite Ritchie Robertson – nimmt diese Deutungsrichtung auf, zunächst auf Kants Aufklärungsbegriff verweisend. Dieser hat bekanntlich Aufklärung als „Ausgang des Menschen aus seiner selbstverschuldeten Unmündigkeit" und Unmündigkeit als „das Unvermögen, sich seines Verstandes ohne Leitung eines anderen zu bedienen", definiert. Vor diesem Hintergrund lese sich

Die hier auftretende Unmündigkeit lehnt sich an Immanuel Kants Standpunkt an

Kafkas Roman – so Robertson – wie eine „verzweifelte Absage an die Möglichkeit des Mündigwerdens".

Direkter Bezug zur Lebenswelt des Lesers wird hergestelllt

Aus der Gebanntheit des Mannes vom Lande durch die Größe und vermeintliche Macht des Gesetzes könnte sich für den Leser der Appell ergeben, eigene Fixierungen auf ihre Sinnhaftigkeit hin kritisch zu überprüfen.

In der Strafkolonie

Entstehung

Der Text entstand in der ersten Oktoberhälfte 1914: Kafka hatte zwei Wochen Urlaub genommen, weil er eigentlich das PROCESS-Manuskript vorantreiben wollte. Stattdessen schrieb er, in hohem Tempo und ohne die von ihm so gefürchteten Schreibblockaden, die Erzählung IN DER STRAFKOLONIE.

Verbindungen zum PROCESS-Roman sind nicht auszuschließen

Von manchen Interpreten wird die Erzählung deshalb in engem Zusammenhang zum PROCESS-Roman gesehen; aus Gründen, die gleich genannt werden, sollte man diesen Bezug jedoch nicht überbetonen. Thematisch sind Verbindungen aber unübersehbar: Josef K. wird wegen eines ihm unbekannten Schuldvorwurfs verhaftet, von einem nicht erkennbar legitimierten Gericht verurteilt und in einem Steinbruch hingerichtet. Im Text IN DER STRAFKOLONIE werden die Verurteilten wegen belangloser Vergehen gefoltert und hingerichtet; die Entscheidung darüber trifft ein Offizier, der Ankläger, Richter und Henker in einer Person ist.

Für eine Relativierung dieser Verbindung von PROCESS-

Roman und IN DER STRAFKOLONIE sprechen verschiedene Gesichtspunkte: Zum einen gibt es von Kafka selbst dazu keine Hinweise, zum anderen aber waren Themen wie Schuld und Strafe in jenen fruchtbaren Jahren des literarischen Durchbruchs (1912–1914) ohnehin Dauerthemen seines literarischen Schaffens.

Mit den Aspekten Schuld und Strafe beschäftigte sich Kafka immer wieder

Der Autor selbst sah andere Zusammenhänge: Im April 1913 plante er, die Erzählungen DAS URTEIL, DER HEIZER und DIE VERWANDLUNG in einem Erzählband mit dem Titel SÖHNE zusammenzufassen. Damit wäre er thematisch im Rahmen familiärer Konflikte und Auseinandersetzungen verblieben. Im Oktober 1915 hatten sich seine Pläne geändert, sein Horizont möglicherweise erweitert: Nun wollte er DAS URTEIL, DIE VERWANDLUNG und IN DER STRAFKOLONIE gemeinsam unter dem verbindenden Titel STRAFEN erscheinen lassen. Durch den Einfluss des sich inzwischen vollziehenden Weltkriegs hatten sich seine Wahrnehmung und sein Interesse offensichtlich über die Auseinandersetzung mit familiären Gewaltstrukturen hinaus auf die Betrachtung anderer gesellschaftlicher Formen der Machtausübung erweitert.

Einfluss des Ersten Weltkriegs auf Kafkas Schaffen

Wir erkennen eine fortschreitende Entwicklung: Dominiert im URTEIL die väterliche Autorität, so wiederholt sich diese zwar in der VERWANDLUNG, ist aber thematisch bereits deutlich erweitert um die Analyse von Macht- und Konkurrenzstrukturen im Berufsleben und den Blick auf die Gesamtfamilie. In der Erzählung IN DER STRAFKOLONIE sehen wir tödliche Machtausübung erstmals im militärischen Kontext, vollzogen durch eine Maschine.

Fortschreitende Entwicklung in Kafkas Schreibprozess

Inhalt

„‚Es ist ein eigentümlicher Apparat', sagte der Offizier […]" (S. 137, Z. 2). Bereits dieser erste Satz macht deutlich, dass kein Mensch, sondern eine Maschine im Mittel-

Eine Maschine, kein Mensch, steht im Mittelpunkt

punkt der Erzählung steht. Um diesen „Apparat" herum ist das Figurentableau sowie ein exotischer Raum angesiedelt. Die Handlung spielt auf einer tropischen Insel, auf welcher sich ein Straflager befindet, das offenbar einer europäischen Großmacht zuzuordnen ist. Zu Beginn werden dem Leser vier Personen vorgestellt, die auch die Handlung weitgehend bestreiten:

- ein europäischer Forschungsreisender, der die Insel gerade bereist,
- ein Offizier, der sich mit großer Hingabe um den Hinrichtungsapparat kümmert,
- der Verurteilte, welcher als „stumpfsinnig, breitmäuliger Mensch" (S. 137, Z. 14 f.) von „hündischer" (S. 137, Z. 21) Ergebenheit geschildert wird,
- sowie ein untergeordneter Soldat, der Handlanger- und Wachdienste versieht.

Vier Figuren bestimmen die Handlung

In etwa der ersten Hälfte der Erzählung – bis zu ihrem Wendepunkt – wird die Funktionsweise der Hinrichtungsmaschine durch den Offizier erläutert. Rückblicke auf ihre ‚glanzvolle' Rolle in der Vergangenheit werden gegeben sowie ein einsamer Kampf um ihre Erhaltung geschildert, den der Offizier in der Gegenwart führt.

Die Maschinerie wie auch die Hinrichtungsweise, die sich über 12 Stunden hinzieht, wurden von dem früheren Kommandanten des Straflagers erfunden, dessen Untergebener und Helfer der Offizier von Beginn an war. Der neue, humaner eingestellte Kommandant, über den sich der Offizier mehrfach kritisch äußert, hält weniger von dieser grausamen Form der Exekution und bleibt den Hinrichtungen regelmäßig fern, schafft sie aber auch nicht ab.

Funktionsweise der Hinrichtungsmaschine

Die Funktionsweise der Hinrichtungsmaschine soll hier nur kurz geschildert werden. Sie besteht aus drei Teilen:

- einem unteren, rechteckigen Kasten, der „Bett" (S. 139, Z. 90) heißt,

- einem diesen entsprechenden oberen Kasten, der „Zeichner“ (S. 139, Z. 90) genannt wird, sowie
- einem mittleren, in der Schwebe befindlichen Teil, der „Egge“ (S. 139, Z. 91).

Der Verurteilte wird auf das mit einer blutstillenden Watte gepolsterte „Bett“ geschnallt, in den „Zeichner“ wird – modern gesprochen – das jeweilige ‚Hinrichtungsprogramm‘ eingegeben und die „Egge“, die aus einer Vielzahl gläserner Nadeln besteht, „schreibt“ danach in stundenlanger Folter das übertretene Gebot in den nackten Körper des Delinquenten, tötet ihn schließlich und wirft ihn in eine Grube. Zuletzt wird der Leichnam vom Offizier und dem Soldaten verscharrt.

Die Hinrichtung erfolgt ohne rechtliche Grundlage, es gibt kein Gerichtsverfahren

Dieser Hinrichtung geht kein Gerichtsverfahren voraus, der Angeklagte erhält keine Möglichkeit der Verteidigung, Anklage und Urteil werden nicht mitgeteilt. Der Grundsatz lautet: „Die Schuld ist immer zweifellos.“ (S. 144, Z. 250) Der aktuell Verurteilte, ein Diener, war während eines sinnlosen Auftrags seines Hauptmanns eingeschlafen und hatte sich einer anschließenden Auspeitschung widersetzt. „Ehre deinen Vorgesetzten!“ (S. 143, Z. 206 f.) soll ihm deshalb während seines qualvollen Sterbens auf den Leib geschrieben werden.

Während die Hinrichtung mit einigen Pannen beginnt – ein Riemen reißt, dann wieder muss sich der Verurteilte erbrechen – erzählt der Offizier von früheren glanzvollen Zeiten, als jede dieser Hinrichtungen noch ein gesellschaftliches Ereignis ersten Ranges war, und beginnt, den Reisenden über seine Meinung zu dieser Art des Strafvollzugs auszuforschen.

Wendepunkt der Handlung: Der Reisende kritisiert das Verfahren der Hinrichtung

Dann folgt der Wendepunkt der Handlung: Der Reisende bekennt sich als „Gegner dieses Verfahrens“ (S. 163, Z. 867 f.), auch wenn er gegenüber dem Offizier einräumt, „Ihre ehrliche Überzeugung geht mir nahe.“ (S. 163,

Z. 877 f.). Der Offizier sieht sich nun offensichtlich eines letzten möglichen Verbündeten beraubt, lässt den Verurteilten frei und legt sich selbst unter die „Egge". Zuvor hat er seinen Degen zerbrochen und ein Gebot für seine eigene Hinrichtung ausgewählt: „Sei gerecht!" Danach lässt sich der Offizier auf das Bett schnallen. Die Maschine setzt sich sofort in Bewegung, jedoch nicht in der beschriebenen Weise, sondern sie beginnt, sich selbst zu zerstören. Als Folge spießt sie den Offizier schlicht mit allen Stacheln auf, schwenkt ihn über die Grube, dieser fällt jedoch nicht hinein, sondern verblutet. Sein Gesicht, in das der Reisende nun wider Willen blickt, zeigt nicht die verheißenden „Zeichen der [...] Erlösung" (S. 171, Z. 1137 f.).

Die Hinrichtungsmaschine zerstört sich schließlich selbst

Nach der Rückkehr in die Siedlung, in der sich die Kommandantur befindet, lässt sich der Reisende das Grab des früheren Kommandanten zeigen. Die Grabinschrift prophezeit die Auferstehung des Toten und die Rückeroberung der Kolonie. Daraufhin entschließt sich der Forscher zu einer überstürzten Abreise; den Verurteilten und den Soldaten, die mit ihm fliehen wollen, hält er durch Drohen mit einem schweren Tau davon ab, sein abfahrendes Boot ebenfalls zu besteigen.

Aufbau und Gestaltung des Textes

Die Erzählung ist vergleichsweise übersichtlich gegliedert: Zu Beginn haben wir, fast wie in einem Drama, eine Art Exposition: Ort und handelnde Personen werden vorgestellt (der neue Kommandant tritt nie in Erscheinung, sondern ist nur ab und an Gegenstand der Unterredung). Auch der zentrale Konflikt wird rasch deutlich (befürwortende oder ablehnende Haltung zu diesem Strafverfahren). Am Ende der Erzählung, nach dem Tod des Offiziers, befindet sich – abgetrennt durch drei Sternchen – eine Art Epilog, welcher die Rückkehr in die Siedlung, den Besuch der Grabstätte

Bewertung des Epilogs der Erzählung

des ehemaligen Kommandanten und die überstürzte Abfahrt des Reisenden enthält. Dieser Schluss wurde sowohl von der zeitgenössischen Kritik als auch von Kafka selbst als „schwach“ empfunden. Der Autor verfasste mehrere Varianten, die ihn aber noch weniger zufrieden stellten.

Der Hauptteil des Textes besteht aus vielen Dialogen

Dazwischen liegt ein Hauptteil vor, der stark dialogisch gehalten ist, wobei die Redeanteile des Offiziers überwiegen (Erläuterung der Maschine und ihrer Geschichte, Darlegung des aktuellen Falls, Auslassungen über den neuen Kommandanten).

Da die Erzählung in personaler Erzählhaltung geschrieben ist – mit dem Reisenden als Perspektivfigur – finden sich neben den Äußerungen des Reisenden immer wieder Passagen in erlebter Rede, in denen er seine Ansichten entwickelt und seine Beurteilung deutlich werden lässt (siehe „Deutungsansätze“). Der Hauptteil weist eine klare Zweigliedrigkeit auf und markiert mit der ablehnenden Stellungnahme des Reisenden den Wendepunkt der Handlung.

Deutungsansätze

Mehr noch als bei anderen Erzählungen Kafkas kann man bei der STRAFKOLONIE nicht mit geschlossenen Deutungen arbeiten, wohl aber einige halbwegs abgesicherte Deutungsaspekte benennen:

Deutungsaspekte des „Apparats“

- Zum einen sehen wir, wie bereits angesprochen, in dieser Erzählung das Heraustreten aus der Welt der Väter hin zur Machtausübung mittels eines Apparats, einer Tötungsmaschine. Im übertragenen Sinn wird in der Literatur mit „Apparat“ hier bereits ‚Verwaltungsapparat‘, also ein administratives System, verbunden, darauf verweist der Kafka-Biograf Alt. Später – im Roman DAS SCHLOSS – wird dieser Aspekt des ‚Apparates‘ von Kafka deutlicher ausgeführt.

- Man kann aber auch diese raffiniert konstruierte Maschine konkret auffassen. Zwar handelt die Erzählung nicht vom gerade begonnenen Ersten Weltkrieg, sie stellt aber, so der Interpret Hans Dieter Zimmermann, eine Konstellation dar, die auch den modernen Krieg bestimmt: die Koppelung von Technik und Barbarei, vor der die europäische Humanität versagt. Auch im modernen Krieg gelte – bezogen auf den Kriegsgegner – die Formel, die der Offizier vertritt: „Die Schuld ist immer zweifellos." (S. 144, Z. 250) Der Biograf Alt treibt diese Überlegung weiter und sieht in der technischen Organisation des Tötens auch eine Vorausdeutung auf die späteren Verbrechen des Nationalsozialismus.

Die Schuldfrage, die die Erzählung aufwirft, kann man in historische Kontexte (Nationalsozialismus) stellen

- Es finden sich aber auch Parallelen zu den in dieser Zeit entstandenen anderen großen epischen Texten Kafkas. Die Machtausübung bleibt in ihrer Begründung auch hier undurchschaubar und mysteriös, Begründungen entlarvt der Leser schnell als vorgeschoben. Wenn in DAS URTEIL der Vater den Sohn wegen dessen zu spät eingetretener „Reife" zum Tode verurteilt, so ist dies ebenso irrational und unangemessen wie die Verurteilung des Dieners wegen Einschlafens im Dienst und Widerstands gegen das anschließende Auspeitschen.

Intertextuelle Parallelen zwischen der STRAFKOLONIE und dem URTEIL

- Spätestens hier lohnt es sich, auf die Vertreter der Humanität in der Erzählung einzugehen – den Kommandanten und den Forschungsreisenden. Beide Figuren mit humaneren Rechtsauffassungen vermitteln keinerlei Überzeugungskraft: Der Kommandant vermittelt in dem, was wir indirekt über ihn erfahren, eher einen dekadenten, moralisch indifferenten Eindruck. Er bleibt den Hinrichtungen zwar fern, verwehrt ihnen somit die frühere Öffentlichkeit, verbietet sie aber auch nicht. Stattdessen ärgert er den Offizier durch eine geringere finanzielle Ausstattung und feiert Feste mit liberal gestimmten Damen, die das Hinrichtungsopfer zum Missfallen des Offiziers mit „Zuckersachen" (S. 153, Z. 547) vollstopfen, sodass es sich erbrechen muss.

Zwei der Figuren geben vor, human zu sein – ein Trugschluss

Der Reisende wiederum verhält sich merkwürdig zögerlich: „Es ist immer bedenklich, in fremde Verhältnisse entscheidend einzugreifen." (S. 152, Z. 507 f.) überlegt er und will keine Angriffsflächen bieten. Dennoch stellt er fest: „Die Ungerechtigkeit des Verfahrens und die Unmenschlichkeit der Exekution war zweifellos." (S. 152, Z. 517 ff.)

An anderer Stelle setzt er seine Hoffnungen vor allem auf den neuen Kommandanten, nachdem er sich fast entschuldigend vor Augen geführt hatte, dass man eben in einer Strafkolonie sei, wo „man bis zum letzten militärisch vorgehen mußte." (S. 145, Z. 296 f.)

Zwar bekennt der Reisende sich schließlich einerseits als „Gegner dieses Verfahrens" (S. 163, Z. 867 f.) und führt damit die Wende herbei, aber er argumentiert nicht moralisch, sondern formal und allgemein. Andererseits ist er mehrfach von der Perfektion dieser Maschine fasziniert, so sehr, dass er deren langsame Selbstzerstörung erst mit Verspätung wahrnimmt. Dann aber beunruhigt ihn die Tatsache, dass der Apparat „offenbar in Trümmer" (S. 170, Z. 1103) ging, erst danach denkt er an den Offizier. Beide – der Kommandant wie auch der Reisende – erweisen sich als Vertreter liberaler Rechtsauffassungen auf eine bedenkliche Weise als moralisch indifferent und kraftlos.

Unklare Moralität der liberalen Rechtsidee

Ein Traum

Entstehung

Verbindungen zum PROCESS-Roman liegen nahe wegen der Hauptfigur Josef K.

Dieser kurze Erzähltext Kafkas gehört, wie schon Motivverbindungen (z.B. Personenbezeichnung Josef K., der Gefängniskaplan, die Grabkapelle) zeigen, in die Schreibphase rund um den PROCESS-Roman. Er entstand, wenn man die beiden äußersten Zeitpunkte des Expertenstreits aufgreift, zwischen August 1914 und Juni 1916.

Inhalt

Der Text ist durch den Titel, den einleitenden wie auch den letzten Satz eindeutig als fiktionaler Traumtext gekennzeichnet – in Kafkas Erzählungen eine Seltenheit. K. kommt während eines scheinbar sorglosen Spaziergangs zu einem Friedhof und gerät augenblicklich in ein sogartiges, unwiderstehliches Anziehungsverhältnis: Er gleitet über die Friedhofswege „wie auf einem reißenden Wasser in unerschütterlich schwebender Haltung“ (S. 174, Z. 7). In rasender Fahrt erreicht er einen frisch ausgehobenen Grabhügel, strauchelt, fällt auf die Knie und sieht plötzlich drei Männer vor sich.

Beim Erscheinen K.s stoßen zwei von ihnen einen Grabstein in die Erde; ein dritter, offenbar ein Künstler, beginnt, mit einem Bleistift Goldbuchstaben in den Stein zu ritzen. „Hier ruht – “ (S. 175, Z. 40), weiter kommt er nicht. Danach stagniert die Handlung; der von K. bewunderte Künstler vermag zunächst nicht weiterzuschreiben, K. empfindet starkes Mitgefühl mit ihm und weint. Nach einiger Zeit beginnt der Künstler, mühevoll weiter zu schreiben, und ritzt ein kunstvolles „J“ in den Grabstein. Josef K. erkennt, dass die Inschrift offenbar für ihn bestimmt ist, damit auch das Grab und beginnt, sich mit bloßen Händen in die Erde zu wühlen, die bald – einer schiefen Ebene gleich – nachgibt, ihn auf den Rücken dreht und versinken lässt. Als K. den Künstler, beschleunigt und schwungvoll, seinen Namen in den Grabstein meißeln hört, erwacht er entzückt.

Aufbau und Gestaltung des Textes

Der traumartige Charakter des Textes wird nicht nur verbal benannt (s.o.), wobei der Einleitungssatz für die spätere Pointe unabdingbar ist, sondern auch der Handlungsaufbau weist Traumelemente auf. Dazu gehören die Elemente der Abschüssigkeit, der zwanghaften Beschleunigung ebenso wie das Eingravieren von Goldbuchstaben mit einem bloßen Bleistift.

Das Thema Traum ist das Strukturelement des Textes

Die Erzählung ist, wie die VERWANDLUNG, das URTEIL und die großen Romane, in jener radikal zu Ende gedachten personalen Erzählweise geschrieben, die der Tübinger Germanist Friedrich Beißner die „einsinnige" nannte und den Leser der subjektiven Wahrnehmung der Perspektivfigur weitgehend ausliefert. Daneben weist der Text eine auffällige Dreiteiligkeit der Gestaltung auf, die durch unterschiedliche Arten der Zeitwahrnehmung gekennzeichnet ist. Auch darin besteht eine Parallele zu vielen Passagen des PROCESS-Romans: Zu Beginn erleben wir eine rasante Zeitbewegung in der Hinführung zum Grab und der sie umstehenden Dreiergruppe, danach erfolgt eine Phase der Stagnation, die Raum für Emotionen und Reflexion lässt, und eine erneute Phase der Beschleunigung schließt die Erzählung ab.

Der Leser nimmt die Handlung nur aus Sicht der Hauptfigur wahr („einsinnige" Erzählweise)

Stilistisch ist jene erste Phase des Textes etwa gekennzeichnet durch einen bildhaften Vergleich („wie auf einem reißenden Wasser", S. 174, Z. 7) sowie durch zahlreiche Verben der Bewegung (gleiten, springen, rasen, schwanken) gekennzeichnet. Der Mittelteil weist zahlreiche expressive und emotional aufgeladene Adjektive, Ad-

Die sprachliche Form ist vielschichtig

verbien und Verben auf (z.B. „hilflose Blicke", „häßliches Mißverständnis", „untröstlich", „er begann zu weinen und schluchzte lange"). Der Schlussteil unterstreicht die steigende Geschwindigkeit des Erlebens durch die Aneinanderreihung von Kurzsätzen, die häufig nur durch Strichpunkte voneinander getrennt sind.

Deutungsansätze

Das Problem der Vereinbarung von gelingendem Schreiben und Leben ist Thema

Die meisten Interpretationsansätze zu diesem Text kreisen um das Verhältnis von Literatur und Tod oder, um es positiver auszudrücken, um die Beziehung zwischen dem Schreibprozess des Schriftstellers und seinem Leben.

Der Erzähltext gibt deutliche Hinweise:

- Auf der einen Seite zeigt die emotionale Mittelphase der Erzählung ein überzogen erscheinendes Mitgefühl mit dem unproduktiven Künstler.
- Auf der anderen Seite nimmt der Leser am Entzücken des sich eben noch in der Gruft wähnenden Josef K. teil, als gerade wegen dessen Tod der künstlerische Prozess wieder neue Höhenflüge erlebt.

So betrachtet, eröffnen sich mögliche Sichtweisen dieser Thematik mit Blick auf die Erzählung EIN TRAUM, die auch in Kafkas Biografie immer wieder eine Rolle spielten:

Josef K. verkörpert den Künstler, den aber sein Beruf ins Grab bringt – ein Verweis auf den Künstler Kafka

Josef K. und der Künstler verkörpern zwei Seiten ein und derselben Person. Die schriftstellerische Tätigkeit zehrt die sonstige Vitalität des Künstlers weitgehend auf, umgekehrt gelingt die vollkommene künstlerische Leistung nur um den Preis des eigenen Lebens.

Kafka selbst hat diese Gegensätze immer wieder durchlebt und durchlitten:

- die jahrelange Schreibblockaden, die ihn zur Verzweiflung trieben,

- der Widerspruch zwischen seiner Schreibtätigkeit und seinem Brotberuf als Versicherungsangestellter,
- das Schreiben in der Nacht als der ruhigsten Zeitphase griff seine Gesundheit an,
- die Angst, Schreiben sowie Ehe und Familie schlössen einander aus.

Auf der Galerie

Entstehung

Dieser kurze Prosatext entstand zwischen November 1916 und Februar 1917. Im Gegensatz zu den Romanen wurde er bereits zu Lebzeiten Kafkas in dem 1920 erschienen Sammelband EIN LANDARZT veröffentlicht.

Inhalt

Die Handlung ist im Zirkusmilieu angesiedelt und beschreibt im ersten Satz ein despotisches Ausbeutungsverhältnis, dem eine anscheinend kränkliche Kunstreiterin unterliegt. Sie wird malträtiert von einem „peitschenschwingenden erbarmungslosen Chef" (S. 176, Z. 4 f.), aber auch von einem Publikum, das rücksichtslos immer neue Höchstleistungen sehen will. In dieser Situation könnte sich ein mitfühlender Besucher ein Eingreifen zugunsten der Kunstreiterin vorstellen.

Das Hierarchieverhältnis greift der Autor hier wieder auf

Im zweiten Satz wird derselbe Vorgang in der Manege in einer ganz anderen Sichtweise und Bewertung dargestellt. Der soziale Missstand wird vollständig verneint, die

Ein Vorgang wird aus zwei Sichtweisen geschildert

Hierarchien werden geradezu umgekehrt: Die glamourös und triumphierend auftretende Kunstreiterin erscheint als die wahre Herrscherin in der Manege, der Zirkusdirektor als ihr Untergebener, bestenfalls Beschützer. Ein soziales Engagement zugunsten der Artistin erscheint nun als unverständliche, Lächerlichkeit oder Verärgerung erzeugende Aktion. Der Galeriebesucher bleibt deshalb auf seinem Platz sitzen und weint.

An dieser aus zwei umfangreichen Satzgefügen bestehenden Parabel lassen sich beispielhaft Kafkas Schreibweise und die zentralen Aussagen seiner Kurzprosa aufzeigen.

Aufbau und Gestaltung des Textes

Texterschließung durch Formbetrachtung

Will man den Text verstehen, muss man sich zunächst seinen grammatikalischen Aufbau ansehen. Das erste Satzgefüge ist ein im Konjunktiv gehaltener Konditionalsatz, in dem – mit nochmaligem Nachfassen („und wenn dieses Spiel […]“, S. 176, Z. 7 f.) – die unmenschlichen Arbeitsverhältnisse der Kunstreiterin geschildert werden. Zu dem erbarmungslosen Chef gesellt sich ein pausenlos spielendes Orchester, das gleichsam den Arbeitstakt vorgibt, sowie ein skrupelloses, strukturell Gewalt ausübendes Publikum – Letzteres zeigt die Technikmetapher „Dampfhämmer“ (S. 176, Z. 12) für die klatschenden Hände der Zuschauer. Die konsekutive Konjunktion „dann“ leitet den zweiten Teil des konditionalen Gefüges ein und schildert die mögliche Reaktion des Galeriebesuchers, ein Abbrechen der Vorstellung, weil der Besucher in die Manege eindringt.

Eine Begebenheit wird aus zwei unterschiedlichen Perspektiven geschildert

Das zweite syntaktische Gefüge ist im Indikativ Präsens abgefasst und setzt ein mit einem kausalen Nebensatz, der die gerade gegebene Vorgangsbeschreibung völlig negiert („Da es aber nicht so ist; […]“, S. 177, Z. 17). Durch die

Voranstellung des Nebensatzes wird ein Spannungsbogen aufgebaut. Ein alternativer Handlungsverlauf deutet sich an, für den Leser stellt sich die Frage nach den Konsequenzen aus dieser adversativ aufgebauten Gegenposition. Diese zeigt sich in einer Umkehrung der bisher dargestellten Hierarchie: Die Artistin erscheint in geradezu klischeehafter Weise als Königin der Manege („schöne Dame“, die „hereinfliegt“, S. 177, Z. 17 f.), der Direktor wird als deutlich untergeordnete Zwischeninstanz definiert. Er wacht über den Ablauf des Dressurakts, gebietet lediglich über das weitere Personal (Reitknechte, Orchester) und scheint so den Triumph der Kunstreiterin abzusichern. Das Publikum wird in seiner Erwartungshaltung bestätigt und huldigt der Reiterin. Der Besucher interveniert nicht, sondern legt sein Gesicht auf die Brüstung der Galerie und weint, „ohne es zu wissen.“ (S. 177, Z. 40)

Deutungsansätze

Erschließungsfragen an den Text

Hier setzen nun die zentralen Fragen einer Interpretation an:

- Welche der beiden Beschreibungen soll als vom Text nahegelegte Realität gelten?
- Warum weint der Galeriebesucher?
- Und warum scheint er davon nichts zu wissen?

Welche Variante der Darstellung sollte man als Leser bevorzugen?

Zur ersten Frage: Dem wohlmeinenden Zeitgenossen ist die zweite Fassung vertraut, die staunenswerte zirzensische Höchstleistung, die unterhält und entzückt. Diese vertraute Sicht wird in der Parabel jedoch auf zweierlei Weise gebrochen: zum einen durch die vorangestellte erste Variante, die nachdenklich macht, zum anderen durch die hyperbolisch überzeichnete Unterwürfigkeit des Direktors (vgl. S. 177, Z. 20: „[…] in Tierhaltung ihr entgegenatmet […]“), die dem Erfahrungswissen des Lesers widerspricht. Was bleibt?

Beide Varianten der Beschreibung der Zirkusvorstellung haben ihre Schattenseiten

Die erste Darstellung wird konjunktivisch – als bloße Möglichkeit – in Zweifel gezogen, die zweite indikativisch bejaht, aber durch extreme Übertreibung zugleich bezweifelt. Beide Versionen werden so sprachlich in einer Art Deutungsgleichgewicht gehalten, die dennoch aufgelöst werden kann. Beide Schilderungen können zutreffen: Die Welt des schönen Scheins hat eine brutale Unterseite und umgekehrt ist der Despotismus des Direktors durch die gekonnte Inszenierung der Auftrittssituation in einer Weise ‚verzuckert', die den zu sozialem Engagement bereiten Einzelnen nicht nur isoliert, sondern geradezu lähmt: Gebannt von Kunstfertigkeit und Glanz, zugleich die Kehrseite ahnend, „weint er, ohne es zu wissen", sprich, ohne es zu merken. Diese Sicht wird unterstützt durch den Titel des Textes: AUF DER GALERIE weist nicht etwa auf das Geschehen in der Manege hin, sondern lenkt das Augenmerk des Lesers auf die Handlungen des Galeriebesuchers.

Basisdeutung und Deutungsvarianten

Die oben dargelegte Basisdeutung wird in der Kafka-Forschung mehrheitlich geteilt, dennoch lässt sie sich mit einigen Grundrichtungen der Kafka-Interpretation verbinden:

- Der Text sei eine Parabel über die Schwierigkeit, vielleicht Unmöglichkeit, des sozialen Handelns in der Warenwelt des modernen Kapitalismus. Ausbeutungsverhältnisse existieren, werden aber überdeckt durch den schönen Schein und die Identifikation des Opfers, Letzteres gilt als Beispiel menschlicher Selbstentfremdung (literatursoziologische bzw. sozialkritische Deutung/Vertreter: Walter Benjamin).

Verschiedene Deutungsansätze (biografisch, soziologisch) kristallisieren sich heraus

- AUF DER GALERIE verweise kritisch auf das Alltagsbewusstsein des modernen Menschen, das ihm die Erkenntnis seines „verstümmelten Lebens" nicht erlaube und so den Zutritt zu einem Leben, in dem die Dinge noch Mut, Gesundheit, Schönheit und Ruhe besitzen, verwehre (Wilhelm Emrich/ebenfalls literatursoziologische Deutung).

- In Kafkas Parabel dokumentiere sich lebensgeschichtlich die „Darstellung der Gewalt des Vaters und [die] vergebliche Identifikation mit der Mutter." (Hartmut Böhme/biografische Deutung)
- Der Text spiegele die schriftstellerische Existenz Kafkas. Das erste Satzgefüge zeige die Qual seines schriftstellerischen Schaffens, das zweite das „allumfassende Glücksgefühl" gelingender Schreibphasen (Roger Hermes/biografische Deutung, eingeschränkt auf Kafkas Tätigkeit als Schriftsteller).

Der Jäger Gracchus

Entstehung

Zu den wenigen Auslandsreisen Kafkas zählen die beiden Aufenthalte in dem italienischen Ort Riva am Gardasee (1909 und 1913), das den Schauplatz für die Erzählung bildet. Max Brod gab dem posthum veröffentlichten Text, den er aus unterschiedlichen Fragmenten arrangierte, den Titel.

Inhalt

Bei der Ankunft einer Barke im Hafen von Riva wird auf einer Totenbahre ein Mann in ein Haus getragen, wo er sich dem in Trauerkleidung herbeigeeilten Bürgermeister als der ‚tote' Jäger Gracchus zu erkennen gibt. Im Schwarzwald, so berichtet er, sei er bei der Verfolgung einer Gämse abgestürzt und habe sich dabei tödlich verletzt, sein Todeskahn verfehle aber das Reich der Toten. Die Frage nach der Schuld für diese leidvolle Existenz kann der Jäger dem Bürgermeister nicht befriedigend erklären, er selbst ist sich keiner Schuld bewusst. Die Erzählung endet mit der rätselhaften Aussage: „Mein Kahn ist ohne Steuer, er fährt mit dem Wind, der in den untersten Regionen des Todes bläst.“ (S. 184, Z. 201 ff.)

Herkunft und Bedeutung des Namens Gracchus

Die Bedeutung des Namens Gracchus (vgl. die Volkstribunen Tiberius und Gaius Gracchus aus der römischen Geschichte), „der Gnadenreiche“, steht im krassen Gegensatz zum Schicksal des Jägers, dem die Gnade des ersehnten Todes versagt wird.

Aufbau und Gestaltung des Textes

Der Text weist eine für Kafka typische Struktur auf: zuerst herrscht Friedlichkeit, dann Bedrohung

Der Text weist eine für Kafka typische Struktur auf: In eine friedliche realistische Alltagsszenerie (hier das knapp skizzierte Ambiente eines südeuropäischen Hafenortes zur Zeit der Siesta) bricht das Bedrohliche und Unerklärliche ein. Zwischen den Figuren entsteht ein Gespräch, das von Kommunikationsschwierigkeiten geprägt ist und nicht zur Klärung der Probleme und Fragen führt.

Die Motive reichen von Isolation über Sexualität zu Schuld

Die Erzählung enthält Motive, die für Kafkas gesamtes Werk charakteristisch sind, darunter insbesondere

- die existenzielle Fremdheit und Isolation (Jäger in einer fremden Umgebung),
- die Undurchschaubarkeit der Welt („Mein Kahn ist ohne Steuer“),
- Sexualität und Erotik (die Beine des Jägers sind mit einem „Frauentuch“ bedeckt),
- Schuld und Strafe (Bürgermeister und Gracchus).

Auch die Technik des Verbergens von tiefer liegenden, nicht fassbaren Sinnstrukturen hinter einer scheinbar selbstverständlichen Oberfläche – niemand wundert sich über die paradoxe Existenz des toten und doch lebendigen Jägers – kommt in vielen Erzählungen Kafkas vor.

Deutungsansätze

Zwei Deutungsansätze

Unter den vielen Deutungsansätzen der Kafka-Forschung sollen hier zwei knapp skizziert werden:

Psychoanalytischer Ansatz: die Zersplitterung des Subjekts

Aus psychoanalytischer Sicht werden die beiden Protagonisten der Erzählung, Gracchus und der Bürgermeister, als zwei Seiten ein und derselben Person interpretiert. Der Bürgermeister begegnet im Jäger Gracchus den abgespaltenen und verdrängten Aspekten seines Ichs: In der Funktion als Bürgermeister auf Normen, Titel und Konventionen fixiert, wird er durch das von einer Taube angekündigte Auftreten des Jägers Gracchus mit verdrängten Sehnsüchten nach einem Leben außerhalb der Gesellschaft konfrontiert. Eine Integration der widersprüchlichen Aspekte scheint nicht möglich zu sein, der Jäger kann nicht in Riva bleiben, sein Kahn „fährt mit dem Wind, der in den untersten Regionen des Todes bläst." Dies wirft die grundsätzliche Frage nach den Lebensmöglichkeiten des modernen Menschen auf: Kann die Zersplitterung des Ichs – die Dissoziation des Subjekts – in soziale Rollen, ökonomische Funktionen und individuelle Selbstverwirklichungsbestrebungen überhaupt überwunden werden?

Der Name Gracchus lässt sich von lat. graculus, ital. gracchio (die Dohle) ableiten, was auf Tschechisch mit ‚kavka' übersetzt wird. Vor diesem Hintergrund liegt es nahe, Gracchus als Spiegelfigur für den Autor Kafka zu deuten. Sein Schicksal ist vergleichbar mit den Paradoxien und Aporien der modernen Künstlerexistenz: Um produktiv sein zu können, begibt er sich auf den langen Weg in die Tiefen der eigenen Innerlichkeit und führt ein Außenseiterleben am Rande der Gesellschaft, ohne sich von dieser ganz lösen zu können. Auch der Jäger Gracchus, dessen Kahn an den Küsten der Länder entlangfährt, erlebt dies: Er ist ein Heimatloser, der aufgrund einer omi-

Biografisch-soziologischer Ansatz: der Jäger Gracchus als Spiegelfigur des Dichters Kafka

nösen Schuld das Ziel seiner Reise nie erreichen wird und dem niemand helfen kann (vgl. S. 181, Z. 110 ff.).

Die Brücke

Entstehung

Dieses kurze Prosastück entstand 1917 und wurde posthum von Max Brod veröffentlicht. Zu dieser Zeit war der Autor mit Felice Bauer aus Berlin zum zweiten Mal verlobt.

Inhalt

In dem kurzen Text DIE BRÜCKE berichtet der Ich-Erzähler von einer Episode seines Lebens, in der er eine Brücke war. Nach langem Warten kommt ein Wanderer in die menschenleere, abgelegene Gegend zu ihm und will auf ihm, der Brücke, den rauschenden Bach überqueren. Anstatt jedoch seine Wanderung über Berg und Tal fortzuführen, zerstört er die Brücke und stürzt mit ihr in die Tiefe.

Funktion und Wesen von Brücken

Der Titel ruft vielfältige Assoziationen hervor: Brücken schaffen Verbindungen, ermöglichen Kommunikation und Handel, überwinden Grenzen und Hindernisse, können aber auch Ängste hervorrufen, wenn sie über Abgründe oder in unbekanntes Neuland führen.

Aufbau und Gestaltung des Textes

Irritation des Lesers: Ich-Erzähler = Brücke

Kafkas Text erfüllt diese Erwartungen jedoch nicht, sondern irritiert den Leser. Denn der Ich-Erzähler berichtet davon, dass er selbst eine Brücke in einer vollkommen abgeschiedenen Gegend und „in den Karten noch nicht eingezeichnet" (S. 184, Z. 8 f.) war. Seine Brückenexistenz, von deren Zusammenbruch er am Schluss des Textes berichtet, ist also sinnlos.

Der Text gliedert sich in drei Teile. Die Situation des Ichs am Anfang der Erzählung ist von Verzweiflung geprägt und erinnert auch sprachlich an die des KÜBELREITERS: „Steif", „kalt", „über einem Abgrund", hoch über dem „eisigen Forellenbach", in „unwegsamen Höhen" verbringt das Ich sein einsames Dasein, „in bröckelndem Lehm [...] festgebissen" (S. 184, Z. 4 f.), also unfähig, an seinen Lebensbedingungen etwas zu ändern, zum Warten verurteilt („ich mußte warten", S. 184, Z. 9).

Verzweifelte Ausgangslage des Erzählers – wie im KÜBELREITER

Hoffnung kommt auf, als das Ich eines Sommerabends einen „Mannesschritt" hört und sich euphorisch in einer Reihe von Selbstappellen ausmalt, wie es – als Brücke – dem ihm „Anvertrauten" dient, sich „zu erkennen" gibt und durch die Begegnung über sich selbst hinauswachsen wird: „Wie ein Berggott schleudere ihn ans Land." (S. 184, Z. 20 f.) All diese hypothetischen Vorwegnahmen erweisen sich jedoch als irrig. Der „Anvertraute" bringt dem Ich keinerlei Vertrauen entgegen, sondern prüft die Brücke misstrauisch und aggressiv „mit der Eisenspitze seines Stockes" (S. 184, Z. 22). Während das Ich ihm noch hoffnungsvoll „über Berg und Tal" nachträumt, springt er ihm „mit beiden Füßen [...] mitten auf den Leib" (S. 185, Z. 27 f.). Der letzte Versuch, sich dem Fremden zuzuwenden und ihn zu erkennen, bleibt vergeblich, die „Brücke dreht sich um" (S. 185, Z. 32) und stürzt mit dem Wanderer ein.

Hoffnung, die sich als irrig erweisen wird

Die Brücke, also der Mensch, stürzt in die Tiefe und zerstört den Wanderer und sich selbst

Das erzählende Ich überlebt damit seine Existenz als erzähltes Ich. Es berichtet im Präteritum von seinem Ende als Brücke, über dessen Konsequenzen der Leser jedoch nichts erfährt, denn der Text endet mit einem offenen Schluss.

Deutungsansätze

Die zweifache Existenz des Ich-Erzählers wird auch am Schluss nicht aufgelöst

Die Irritation des Lesers über die merkwürdige Doppelexistenz des Ich-Erzählers wird auch am Ende des Textes nicht aufgelöst. Die Erfahrung des Ichs könnte als Traum gedeutet werden.

Es fällt auf, dass die Brücke in dem Moment einstürzt, als sich das Ich dem Unbekannten zuwenden will, der ihm Schmerz zufügt. Schon der Versuch der Kommunikation ist qualvoll, er endet für beide tödlich. Dem Ich-Erzähler gelingt es nicht, herauszufinden, wer der Verursacher seiner Zerstörung ist. Alle Hypothesen, die er über ihn aufstellt (Kind, Traum, Wegelagerer, Selbstmörder, Versucher, Vernichter) bleiben ergebnislos, denn die einstürzende Brücke zieht auch den Unbekannten mit in die Tiefe. Die Existenz der Brücke endet also in Zerstörung und Selbstzerstörung.

Vergebliche Suche des Ichs nach Sinn und nach Gemeinschaft

Auch hier bleibt die Sehnsucht des Ichs nach menschlichen Beziehungen unerfüllt. Der Versuch, ein sinnvolles Leben in menschlicher Gemeinschaft zu führen, scheitert.

Der Kübelreiter

Entstehung und Inhalt

Bedrohung der Existenz des Ich-Erzählers

Die Handlung der kurzen Erzählung, die Anfang des Jahres 1917 entstand, ist schnell resümiert: Es herrscht frostiger Winter, der mittellose Ich-Erzähler ist vom Erfrieren bedroht, denn all seine Kohle ist verheizt. Auf seinem leeren Kohlenkübel, den er als Reittier benutzt, begibt er sich zum Kohlenhändler und bittet diesen um eine Schaufel Kohlen. Der Händler wäre geneigt, ihm etwas Kohle zu verkaufen, jedoch hält ihn seine Frau davor zurück, aus dem überheizten Kellerraum nach oben in die Kälte zu gehen und das Geschäft abzuwickeln. Stattdessen geht sie selbst hoch in die Gasse, sieht und hört aber nichts und verhindert damit das Geschäft. Lediglich ihr Versuch, den Ich-Erzähler mit ihrer Schürze zu vertreiben, gibt einen Hinweis darauf, dass sie diesen sehr wohl wahrnimmt. Die Erzählung endet mit der zweimaligen Verurteilung der Frau durch den Erzähler mit den Worten „Du Böse“ (S. 188, Z. 93 und 95) und seinem endgültigen Verschwinden „in die Regionen der Eisgebirge“ (S. 188, Z. 97 f.).

Aufbau und Gestaltung des Textes

Der Text gliedert sich in vier Teile

Durch seinen vierteiligen Aufbau, das Erzähltempus Präsens und die Verwendung wörtlicher Rede im Mittelteil erinnert der Text an ein Drama:

- Ausgangssituation: Die prekäre Lage des erzählenden Ichs wird geschildert. („Verbraucht alle Kohle [...] Schaufel voll in den Kübel schleudern.“, S. 185, Z. 2 – S. 186, Z. 20),
- Steigende Handlung: Der Erzähler macht sich auf den Weg zum Kohlenhändler, um Rettung herbeizuführen. („Meine Auffahrt schon muß es entscheiden [...] Sobald ich kann, bezahl ich's“, S. 186, Z. 21 – S. 186, Z. 39),
- Hauptteil: Vergeblich versucht der Erzähler, mit dem Kohlenhändler Kontakt aufzunehmen. Seine Lösungsstrategie scheitert, er bekommt keine Kohle. („Der Händler legt die Hand ans Ohr [...] vom nahen Kirchturm zu hören ist!“, S. 186, Z. 40 – S. 187, Z. 81),
- Schluss: Der Erzähler wird endgültig vertrieben und verliert sich im Eisgebirge. („,Was will er also haben? [...] verliere mich auf Nimmerwiedersehen“, S. 187, Z. 82 – S. 188, Z. 99)

Bereits der äußere Handlungsablauf der Erzählung mutet seltsam an und wirft Fragen auf:

- Wieso verrennt sich der Ich-Erzähler geradezu in seinen Einfall, durch die Inszenierung eines auffallenden Auftritts als „Kübelreiter“ das Mitleid des Kohlenhändlers zu erregen und von ihm trotz seiner Zahlungsunfähigkeit Kohle zu erbetteln?

Fragen an den Text, auf die es aber nicht immer Antworten gibt

- Wie ist es zu verstehen, dass er einen leeren Kohlenkübel als „Reittier“ benutzt?
- Warum kommt er nicht auf die nahe liegende Idee, anderes Brennmaterial zu beschaffen oder sein Glück bei einem anderen Kohlenhändler zu versuchen?
- Welche Rolle spielt die Frau des Kohlenhändlers in dem ganzen Geschehen?
- Hört und sieht sie den Kübelreiter tatsächlich nicht?
- Was bedeutet sein Aufstieg „in die Regionen der Eisgebirge“ am Ende der Geschichte?

Realität und Traum verbinden sich hier

Bei einer genauen Lektüre entdeckt der Leser, dass Realität und Traum in der Welt des Textes von Beginn an ineinander greifen. In poetischen Bildern, die den Raum vom privaten Zimmer über die winterliche Natur draußen vor dem Fenster bis ins Kosmische des Himmels ausweiten, skizziert der Ich-Erzähler im ersten Abschnitt seine Situation, die von Mangel geprägt ist: „Verbraucht“, „leer“, „sinnlos“ sind die Attribute seiner Lage, „Kälte“, „Frost“, „Reif“ kennzeichnen die Bedingungen seiner Existenz, in der weder vom „erbarmungslosen Ofen“ noch vom Himmel Hilfe zu erwarten ist.

Der Ich-Erzähler reagiert auf seine prekäre Lage mit der sonderbaren Erkenntnis, dass Hilfe nur „in der Mitte“, und das heißt für ihn, „beim Kohlenhändler“ (S. 185, Z. 9), zu holen ist. Mit logischen Schlussfolgerungen (s. die Verwendung von Partikeln wie infolgedessen, daher, deshalb), überzeugt er sich selbst von dieser Idee. Siebenmal wiederholt er dabei formelhaft beschwörend, dass Rettung kommen *muss* bzw. dass er *nicht* erfrieren *darf*. In fantastischen Bildern malt er sich seinen prächtigen Aufstieg und seine Ankunft „außergewöhnlich hoch“ (S. 186, Z. 31) über dem Keller des Kohlenhändlers aus, lässt aber in seinen hochfliegenden Gedankengängen die Realität völlig außer Acht. Weder der in der Fantasie vorweggenommene Appell an das moralische Gebot „Du sollst nicht töten“ noch der Versuch, durch Selbsterniedrigung bei dem überlegenen Kohlenhändler, den er im Bild der „Sonne am Firmament“ (S. 185, Z. 13 f.) maßlos überhöht, eine Art „Beißhemmung“ zu provozieren, führen zum Ziel. Die Kommunikation mit dem Kohlenhändler findet gar nicht statt, die ganze Inszenierung des Erzählers ist also umsonst, vergebens, nichtig.

Der Rettungsversuch scheitert

Deutungsansätze

Sozialkritischer Deutungsansatz

Vor dem Hintergrund der Entstehungszeit des Textes – Jahresbeginn 1917, Kriegswinter – scheint zunächst eine sozialkritische Interpretation nahe liegend: Die Erzählung verweist auf Krieg, Armut, soziale Kälte in einer Gesellschaft, in der Arme und Außenseiter wie der Ich-Erzähler keinen Platz haben.

Den Text als Parabel lesen

Die fantastischen Elemente der Erzählung, vor allem der irreale Schluss, in dem der Ich-Erzähler, von der Frau mit der Schürze vertrieben, unter fast biblischen Verfluchungen (vgl. Matthäus 25,42–43) der Frau die bewohnbare Welt verlässt und auf seinem leeren Kohlenkübel „in die Regionen der Eisgebirge“ (S. 188, Z. 97 f.) aufsteigt, eröffnen andere Deutungsansätze.

Begreift man den Mangel an Kohle und das daraus resultierende Leiden an der Kälte als Metapher, wird deutlich, dass der Text parabolisch ist und auf existenzielle Probleme des Ich-Erzählers verweist, hinter denen sich unschwer die Lebensprobleme des Autors Franz Kafka erkennen lassen. Die Existenz des Ich-Erzählers ist geprägt von Isolation und einem Mangel an zwischenmenschlichen Beziehungen. Die Räume, in denen er sich bewegt, lassen eine befriedigende menschliche Existenz nicht zu,

Biografischer Deutungsansatz: Kafkas Lebensprobleme

denn sie sind entweder kalt wie das Zimmer oder weit erhoben über den Lebensraum der anderen Menschen.

Zentral: Motiv der Kommunikationslosigkeit

Deshalb führt sein Versuch, mit Hilfe von Kreativität, Verstand und Fantasie seinen Zustand zu ändern, nicht zum Erfolg. Es gelingt ihm nicht einmal, einen direkten Kontakt mit seinem auserkorenen Retter, dem Kohlenhändler, herzustellen, denn dessen Frau schiebt sich als Vermittlerin zwischen die beiden. Die Kommunikation mit ihr bleibt allerdings einseitig, denn die Frau betont mehrmals, dass sie „nichts" sehe und höre, sondern nimmt lediglich das Abendläuten des Kirchturms wahr.

Im Unterschied zum Ich-Erzähler lebt der Kohlenhändler in einer Situation des Überflusses, die in der „übergroßen Hitze" (S. 186, Z. 33), die er durch die geöffnete Tür hinauslassen muss, bildlich dargestellt wird. Er ist sozial integriert, wirtschaftlich erfolgreich, hat eine Frau und eine Familie, für die er sorgt, kann die ganze Stadt mit Kohle versorgen und sich nach getaner Arbeit mit seiner Frau in die warme Stube zurückziehen. Er führt also ein gutes bürgerliches Leben, muss allerdings für die damit verbundene Sicherheit einen Preis zahlen: Er ist krank („schwerer Husten", S. 187, Z. 68). Die Stimme der mittellosen, alten Kundschaft dringt kaum noch an sein Ohr, und obwohl sie ihm „so zum Herzen zu sprechen weiß" (S. 186, Z. 50 f.), wird er nicht aktiv, sondern lässt sich von seiner Frau dominieren („Du bleibst.", S. 187, Z. 66). Das Schreiben – für den Schriftsteller die Existenzgrundlage – ist bei ihm eine kümmerliche Nebenbeschäftigung, die er „tief unten an seinem Tischchen" (S. 186, Z. 32 f.) in kauernder Haltung erledigt.

Tiefenpsychologischer Deutungsansatz

Aus tiefenpsychologischer Sicht können die beiden gegensätzlich angeordneten Figuren *K*übelreiter und *K*ohlenhändler – beide Bezeichnungen beginnen mit der Initiale von Kafkas Namen – als zwei unvereinbare und unversöhnte Seiten einer Person betrachtet werden. Daraus ergeben sich biografische Verstehensansätze, die auf zentrale, immer wiederkehrende Lebensfragen des Schriftstellers Franz Kafka verweisen:

Lebensfragen des Dichters Franz Kafka spiegeln sich hier wider

- Wie kann man als Künstler und Schriftsteller in einer bürgerlichen Welt leben?
- Wie lassen sich Einsamkeit und Isolation, die für ihn Grundbedingungen des Schreibens sind, mit den Ansprüchen der Sexualität und des Ehelebens vereinbaren?
- Wie soll man mit mächtigen Autoritäten umgehen?

Pegasus-Motiv: siehe auch die Erzählung DER KAUFMANN

In der Erzählung trifft die Frau des Kohlenhändlers die Entscheidung über die weitere Existenz des Ich-Erzählers: Indem sie seine Anwesenheit sechs Mal negiert und seinem Anliegen eine Absage erteilt, verwehrt sie ihm endgültig die Grundlage eines Lebens in der menschlichen Gemeinschaft, sodass er auf seinem Kohlenkübel wie auf dem geflügelten Pferd Pegasus aus der griechischen Mythologie „auf Nimmerwiedersehen" (S. 188, Z. 98 f.) in der menschenfeindlichen Isolation der fernen Eisgebirge verschwindet.

Was dies für ihn bedeutet, lässt der Text offen.

Eine kaiserliche Botschaft

Entstehung

Die Parabel wurde als Einzeltext im Jahr 1919 in der Sammlung EIN LANDARZT publiziert, ist aber Teil der Erzählung BEIM BAU DER CHINESISCHEN MAUER. Wie die Parabel VOR DEM GESETZ als Teil des sogenannten „Dom"-Kapitels im PROCESS-Roman hat sie eine fast gleichnishafte Funktion, um die zentrale Aussage des Gesamttexts anschaulich ‚auf den Punkt' zu bringen. Im Rahmen der Erzählung wird die „kaiserliche Botschaft" sogar als Sage bezeichnet. Dazu später; da die Parabel auch für sich selbst stehen kann, soll sie zunächst auch in ihrer isolierten Form betrachtet werden.

Inhalt

Das von Kafka thematisierte Obrigkeitsverhältnis manifestiert sich hier zwischen Kaiser und Untertan

Ein im Sterben liegender Kaiser sendet kurz vor seinem Tod einem seiner „jämmerlichen Untertanen" (S. 188, Z. 3), der vom Erzähler exemplarisch mit „Du" angesprochen wird, eine dem Herrscher offenbar sehr wichtige Botschaft. Dies zeigt sich nicht nur daran, dass sich der Empfänger die Nachricht von dem beauftragten Boten noch einmal wiederholen lässt – offenbar um Missverständnisse auszuschließen – und diese danach durch Kopfnicken bestätigt. Die Bedeutung der Botschaft zeigt sich auch in den enormen Anstrengungen, die anlässlich ihrer Überbringung unternommen werden. Der Auftrag wird als öffentlicher Akt inszeniert, die „Großen des Reichs" (S. 188, Z. 13 f.) sind zugegen, „alle hindernden Wände [des Palastes] werden niedergebrochen" (S. 188, Z. 11 f.), um dem Boten die Erfüllung seines Auftrags zu erleichtern. Dieser wird als „kräftig" und „unermüdlich" beschrieben, er komme so leicht vorwärts wie kein anderer. Sollte er aufgehalten werden, kann er auf das kaiserliche Zeichen auf seiner Brust verweisen, das „Zeichen der Sonne" (S. 189, Z. 19).

Nach diesem emotional aufgeladenen Auftakt, entstehend durch die beabsichtigte, wenn auch einseitige Kontaktaufnahme zweier extremer sozialer Pole (der höchste Herrscher des Reiches schickt dem niedrigsten Untertan eine Botschaft, für deren Überbringung er keinen Aufwand scheut), sind wir bereits bei der Hälfte der Erzählung angelangt.

Nun setzt die für Kafkas Prosa so typische Rück- oder Gegenläufigkeit ein. In dem Maße, in dem zu Beginn ein wirklich oder vermeintlich großes Ziel angegangen wurde, türmen sich nun Schwierigkeiten auf, die seine Realisierung zunichte machen. Die gewaltigen Menschenmassen bereiten dem Boten nun doch Mühe, er zwängt sich noch immer „durch die Gemächer des innersten Palastes" (S. 189, Z. 25) – und, nun schaltet sich apodiktisch der Erzähler ein, „niemals wird er sie überwinden." (S. 189, Z. 25 f.). Und selbst wenn er dies schaffen würde, lägen unendliche Treppen und Höfe vor ihm, dann der zweite umschließende Palast, schließlich die Residenzstadt usw. Den vorletzten Satz bildet das ernüchternde Resümee: „Niemand dringt hier durch und gar mit der Botschaft eines Toten." (S. 189, Z. 35 f.)

Das anfangs hohe Erzähltempo wird schlagartig reduziert und die Handlung verzögert sich

Danach – durch einen Gedankenstrich abgetrennt – wird der Seitenwechsel vollzogen und der Adressat kommt ins Spiel: „Du aber sitzt an Deinem Fenster und erträumst sie dir, wenn der Abend kommt." (S. 189, Z. 36 f.) Eine eskapistische Sehnsucht wird spürbar, eine Hoffnung auf Flucht aus einem ungleich graueren Alltag, die wohl scheitern oder gar nicht erst in Angriff genommen wird.

Die Sehnsucht des Individums ist vergeblich – ein ernüchternder Schluss

> Polarität
> Entgrenzung
> Aporie

Aufbau und Gestaltung des Textes

In der Literatur hat man drei Phasen dieses Textes unterschieden: Zu Beginn die Polarität, dann Momente der Entgrenzung, schließlich die Aporie (die Ausweglosigkeit bzw. die Unlösbarkeit eines Problems).

Polarität meint das soziale Machtgefälle zu Beginn, das allerdings durch den nahen Tod des Kaisers und die Tatsache, dass der Adressat vor diesem „in die fernste Ferne" geflüchtet ist, relativiert wird. Die Aporie beginnt in der Mitte des Textes mit dem ersten, adversativ gesetzten „Aber" und wird letztlich begründet durch bizarre Formen räumlicher Entgrenzung (2. Phase): Die räumlichen Dimensionen, die der Bote zu überwinden hat, werden zu einer unendlichen Ausdehnung irreal übersteigert und führen zu einer völligen Ausweglosigkeit. Als wollte der – hier auktoriale – Erzähler die Qual vergrößern, spielt er in konjunktivischen Konditionalsätzen mit denkbaren, aber nicht vorhandenen Alternativen: „Öffnete sich freies Feld, wie würde er fliegen und bald wohl hörtest du das herrliche Schlagen seiner Fäuste an deiner Tür." (S. 189, Zeile 21 ff.)

Vom Allgemeinen zum Individuum, hier vom Kaiser zum „Du", dem Untergebenen

Im Schlusssatz deuten sich Wunschfantasien an, die vielleicht auch eigene Nichtigkeitsvorstellungen kompensieren sollten.

Deutungsansätze

Wie bei der Parabel VOR DEM GESETZ besteht ein häufig gewählter – auf den Literaturwissenschaftler Walter Sokel zurückgehender – Deutungsansatz darin, in den Figuren die Personalisierung innerer, also psychischer Tendenzen zu sehen. Hier könnte man etwa an Größenfantasien denken (die häufig aus persönlichen Defiziten entspringen), die ein vehementes Scheitern erfahren.

Von der psychischen Deutungsvariante …

Auch die durch die Biografie des Autors abgesicherte Vater-Sohn-Problematik, die nie in wirklicher Kommunikation, in Versöhnung und Verständnis endet, könnte eine Deutungsmöglichkeit sein.

Liest man die KAISERLICHE BOTSCHAFT im Rahmen ihres literarischen Kontexts, der Erzählung BEIM BAU DER CHINESISCHEN MAUER, so bieten sich auch noch andere Deutungsmöglichkeiten: Der Adressat ist hier nicht das Individuum, sondern das Volk in seinem Verhältnis zum kaiserlichen Herrscher. Wegen der großen räumlichen Distanzen weiß es nicht, welcher Kaiser gerade regiert und ist von gesellschaftlichen Umwälzungen relativ wenig betroffen. In der Erzählung heißt es. „Wenn man aus solchen Erscheinungen folgern wollte, dass wir im Grunde gar keinen Kaiser haben, wäre man von der Wahrheit nicht weit entfernt." (F. Kafka, Sämtliche Erzählungen, hg. von Paul Raabe, Frankfurt/M. 1985, S. 298) Diese wird im Text keineswegs als negativ empfunden, sondern eher im Sinne einer kleinen Gesellschaftsutopie, die leicht anarchistische Züge aufweist:

... bis zur sozialpolitischen: das Volk und sein Verhältnis zum Herrscher

Die Folge solcher Meinungen ist nun ein gewissermaßen freies, unbeherrschtes Leben. Keineswegs sittenlos, ich habe solche Sittenreinheit, wie in meiner Heimat, kaum jemals angetroffen auf meinen Reisen. – Aber doch ein Leben, das unter keinem gegenwärtigen Gesetze steht und nur der Weisung und Warnung gehorcht, die aus alten Zeiten zu uns herüberreicht.
(Franz Kafka, Beschreibung eines Kampfes, S. 61 f.)

Heutige Überlegungen, die eine immer stärkere Entkopplung von Staat und Gesellschaft sehen, sind davon gar nicht so weit entfernt.

Der Nachbar

Entstehung und Inhalt

Die Erzählung DER NACHBAR, geschrieben 1917, gehört zu den Texten aus dem Nachlass von Franz Kafka. Der Ich-Erzähler, ein anfangs selbstsicherer junger Geschäftsmann, schildert darin, wie er sich durch seinen neuen Nachbarn, der in der Wohnung nebenan ebenfalls ein Büro eröffnet, zunehmend bedroht und verfolgt fühlt.

Aufbau und Gestaltung des Textes

Der Text weist Merkmale einer Kurzgeschichte auf

Der ohne Einleitung beginnende und am Ende abrupt abbrechende Text erinnert an eine Kurzgeschichte. Im Präsens bzw. im Perfekt schildert der Ich-Erzähler seine Situation und deren Veränderung.

Der Text lässt sich in vier Sinnabschnitte gliedern:

- Ausgangssituation („Mein Geschäft ruht ganz auf meinen Schultern […] ich klage nicht", S. 189, Z. 2 – S. 189, Z. 8),
- Einzug des Nachbarn in die Nebenwohnung („Seit Neujahr hat ein junger Mann […] wenn man nichts weiß", S. 190, Z. 9 – S. 190, Z. 28), Erkundigungen über seine Tätigkeit,
- Flüchtige Begegnungen mit dem Nachbarn („Manchmal treffe ich Harras auf der Treppe […] als sie es verdient.", S. 190, Z. 29 – S. 190, Z. 36), ohne Kommunikation,
- Spekulationen über den Nachbarn als Konkurrenten („Die elend dünnen Wände […] vielleicht schon daran, mir entgegenzuarbeiten", S. 190, Z. 37 – S. 191, Z. 69).

Auffällige Betonung der eigenen Souveränität

Der Ich-Erzähler betont zu Beginn seine eigene Souveränität in auffälliger Weise. Dies zeigt sich

- in der mehrmaligen Wiederholung des Possessivbegleiters („auf meinen Schultern“, „mein Zimmer“, „mein ganzer Arbeitsapparat“),
- in der Hervorhebung der leicht zu überblickenden Geschäftsabläufe durch das verstärkende „so“ („so einfach zu überblicken, so leicht zu führen“, S. 189, Z. 6 f.),
- in der wiederholten Verneinung „ich klage nicht, ich klage nicht“ (S. 189, Z. 8).

Bereits vor dem Auftreten des Nachbarn, der die Veränderung in der Existenz des jungen Mannes auslöst, spürt der Leser die Unsicherheit hinter seiner geschäftstüchtigen Fassade. Auch der leichte Plauderton des zweiten Abschnitts kann nicht darüber hinwegtäuschen, dass der neue Nachbar das Leben und das Selbstbild des Ich-Erzählers nachhaltig verändert hat. Nach und nach entsteht dabei ein Porträt des Nachbarn, von dem sich die Figur des Erzählers wie ein Zerrbild abhebt: Während der Nachbar „frischweg“ die leer stehende Wohnung gemietet hat, hat der Erzähler selbst „ungeschickterweise“ „wegen kleinlicher Bedenken“ „gezögert“, sodass nun „dieser junge Mann“ dort sitzt, ohne dass der Erzähler weiß, was er „dort eigentlich macht.“

Der Nachbar ist das Gegenbild des Ich-Erzählers

Anstatt, wie zu erwarten, direkten Kontakt mit dem Nachbarn aufzunehmen, an der Tür mit dem Schild „Harras, Bureau“ zu klingeln, sich vorzustellen und mit ihm ins Gespräch zu kommen, zieht der Erzähler „Erkundigungen“ über seinen Nachbarn ein und erfährt dabei, dass es sich „um einen jungen, aufstrebenden Mann, dessen Sache vielleicht Zukunft habe“, handelt, dessen Kreditwürdigkeit jedoch noch nicht sicher einzuschätzen sei.

Erkundigungen statt direkter Kontaktaufnahme prägen das Verhältnis zwischen den beiden Nachbarn

Im dritten Sinnabschnitt berichtet der Erzähler davon, dass er Harras manchmal auf der Treppe trifft. Aber auch diese zufälligen Begegnungen nutzt er nicht zur Abklärung der Situation. Stattdessen beginnt er, dem Nachbarn Verhaltensweisen zu unterstellen, die eine Kontaktaufnahme mit ihm verhindern, und greift zum Vergleich mit einer Ratte („Wie der Schwanz einer Ratte ist er [in sein Büro] hineingeglitten“, S. 190, Z. 33 f.), einem Tier, das Unheil bringt und Krankheiten überträgt.

Der Tagtraum des Erzählers wird zum Alptraum

Hier beginnt der fließende Übergang von der realistischen Darstellung einer Alltagssituation zur für Kafka typischen Schilderung eines Tagtraums, der zum Alptraum wird: Die Gesetze von Raum, Zeit und Logik lösen sich aus der Wahrnehmungsperspektive des Ich-Erzählers mehr und mehr auf: Er spricht von „elend dünnen Wänden“, die „den Unehrlichen [...] decken“, stellt Hypothesen darüber auf, wie der Nachbar durch das Mithören seiner Telefonate seine Geheimnisse erlauscht und ihm schließlich erfolgreich entgegenarbeitet, sodass er mehr und mehr seine einstige Selbstsicherheit verlieren muss.

Deutungsansätze

Kafkas kurze Erzählung zeigt, wie der Mensch in der modernen Wirtschaftswelt funktionalisiert und damit entmenschlicht wird: Jeder lebt für sich allein, einer ist des anderen Feind. Nachbarschaft, normalerweise mit Hilfsbereitschaft und Freundlichkeit assoziiert, wird zum bedrohlichen Gegeneinander, die Reduktion menschlicher Kontakte auf wirtschaftliche Beziehungen führt zu Konkurrenzdenken und -verhalten. Dies führt beim Erzähler zu einer tiefen Verunsicherung, die seine ganze Existenz erschüttert, und, wie so oft bei Kafka, zu einer Wahrnehmung seiner Umgebung, die pathologische Züge trägt.

Der Nachbar als Bild existenzieller Verunsicherung des Menschen in der modernen Welt

Interessant ist in diesem Zusammenhang Kafkas Einstellung zum Telefon, das damals aus zwei großen, hantelschweren Hörern bestand, die man sich an die Ohren pressen musste: Er schätzte es nicht als technisches Mittel der Kommunikation, sondern betrachtete es als einen unheimlichen Apparat, der ihn stumm und redeunfähig mache, was er in zahlreichen Briefen an Felice Bauer gesteht (Alt, S. 280). Unter diesem Blickwinkel kann der Text auch als ironische Studie seiner eigenen ‚Telefonangst' gelesen werden.

DER NACHBAR als komische Ironisierung von Kafkas Telefonangst

Ein Bericht für eine Akademie

Entstehung

Die Erzählung wurde erstmals 1917 in der von Martin Buber herausgegebenen Zeitschrift „Der Jude" veröffentlicht und 1919 in die Textsammlung EIN LANDARZT aufgenommen. Schon zu Kafkas Lebzeiten wurde der Text, vor allem als Vortragsstück des Sprechtheaters, vom Publikum geschätzt und von der Kritik hoch gelobt.

Inhalt

In der Geschichte geht es darum, dass ein ehemaliger Affe namens Rotpeter einer Akademie den Bericht über seine Menschwerdung vorlegt:

Ein Affe wird zum Menschen

Bei einer Jagdexpedition der Firma Hagenbeck eingefangen und verwundet, monatelang in einem engen Käfig auf einem Dampfer eingesperrt, sucht der Affe einen Ausweg. Er ahmt die Menschen nach, weil er so „unbehelligt" (S. 198, Z. 230) sein will, wie sie es offensichtlich sind, und lernt schnell ihre Gesten und Verhaltensweisen und schließlich auch das Sprechen.

Dem Leben im Zoo zieht er eine Arbeit im Varieté vor, bei der er „kaum mehr zu steigernde Erfolge" (S. 203, Z. 379) hat. Zwischen Banketten, Auftritten bei wissenschaftlichen Gesellschaften und geselligem Beisammensein spielt sich sein Leben ab. Er hat erreicht, was er erreichen wollte, und bescheinigt sich selbst die Durchschnittsbildung eines Europäers.

Seine Existenz an der Grenze zwischen Mensch und Tier meistert er virtuos, nur seiner Lebensgefährtin, einer kleinen halbdressierten Schimpansin, bei der er es sich „nach Affenart [...] wohlgehen" lässt (S. 203, Z. 383), will er bei Tag nicht begegnen, denn sie hat „den Irrsinn des verwirrten dressierten Tieres im Blick" (S. 203, Z. 384 ff.).

Aufbau und Gestaltung des Textes

Sachlicher Berichtsstil

Der Bericht ist fast durchgehend als sachliche wissenschaftliche Rede gestaltet, die mit einer förmlichen Anrede des Publikums beginnt – „Hohe Herren von der Akademie" (S. 192, Z. 2) – und endet: „[...] ich berichte nur, auch Ihnen, hohe Herren von der Akademie, habe ich nur berichtet" (S. 203, Z. 390 f.).

Gegenstand des Berichts ist jedoch nicht, wie von der Akademie gewünscht, Rotpeters „äffisches Vorleben", sondern die Schilderung der verschiedenen Etappen seiner Anpassung an die menschliche Gesellschaft.

Indem der Affe Rotpeter seine Vergangenheit vergisst, wird er zum Menschen

Der Kafka-Biograf Peter-André Alt nennt Kafkas BERICHT FÜR EINE AKADEMIE „eine Erzählung über das Vergessen". Bereits in den einleitenden Worten seiner Rede erläutert Rotpeter, dass Verdrängung und Vergessen seiner Vergangenheit als Affe die Bedingungen seiner Menschwerdung sind, und beteuert in einer ironischen Anspielung an die Evolutionstheorie Darwins, dass er sein „Affentum" genauso weit hinter sich gelassen habe wie seine Zuhörer das ihre.

Rotpeters eigene Erinnerung setzt ein, als er verwundet auf dem Schiff der Firma Hagenbeck erwacht. Angesichts der qualvollen Enge in dem vergitterten, an einer Kiste festgemachten Käfig, der „zu niedrig zum Aufrechtstehen und zu schmal zum Niedersitzen" (S. 194, Z. 97 f.) ist, beginnt er, verzweifelt nach einem Ausweg zu suchen. Da, so erkennt er, „Affen [...] bei Hagenbeck an die Kistenwand [gehören]“ (S. 196, Z. 140 f.), „hörte ich auf, Affe zu sein“ (S. 196, Z. 142). Der Prozess seiner Anpassung an die Menschen beginnt, das Erlernen ihrer Gewohnheiten und Verhaltensweisen und schließlich ihrer Sprache wird zur erfolgreichen Überlebensstrategie.

Jedoch handelt es sich dabei keineswegs um einen in Selbstbestimmung und Freiheit mündenden Prozess der Emanzipation von seiner äffischen Natur, sondern lediglich um eine pragmatische Anpassung an äußere Zwänge. Wiederholt betont er, dass „an diesen Menschen an sich nichts [war], was mich sehr verlockte“ (S. 199, Z. 237 f.). Im Rückblick auf seine Entwicklung konstatiert er am Ende seiner Rede, dass er weder „klage“ noch „zufrieden“ sei. Zweck seines Berichts sei es nicht, eines „Menschen Urteil“ einzuholen, sondern „Kenntnisse [zu] verbreiten“ (S. 203, Z. 390).

Der Affe zwingt sich, menschliche Verhaltensweisen anzunehmen – unfreiwillig

Deutungsansätze

Am Bericht für eine Akademie lässt sich aufzeigen, wie Kafkas realistisch-groteske Erzählweise die Interpreten zu immer neuen Deutungen anregt:

- Der Text sei „die genialste Satire auf die Assimilation [der Juden], die je geschrieben wurde“ (Max Brod, 1918).
- Der Text offenbare „aus dem Blickwinkel des Tiers den gesamten geistigen – und dahinter religiösen – Verfall der Kulturmenschheit“ (Hans Politzer, 1934).
- Rotpeter stehe für den „Selfmademan“, der seine Freiheit gegen materielle Sicherheit und gesellschaftlichen Erfolg eingetauscht habe (George Schulz-Behrend, 1963).
- Rotpeter sei Kafkas einziger positiver und erfolgreicher Held, der Bericht für eine Akademie müsse als „success story“ gelesen werden, da Rotpeter die vernünftige Lösung der Menschwerdung wähle anstatt

Der Affenmensch Rotpeter – eine der wenigen positiven Figuren in Kafkas Werk?

in einem zum Scheitern verurteilten Fluchtversuch der „Versuchung des Todes“ nachzugeben (Walter Sokel, 1964).

- Aus psychoanalytischer Perspektive erzähle der Text von einem Kastrationserlebnis, auf das die Narbe des Affen unterhalb der Hüfte verweist. Rotpeters Menschwerdung könne deshalb nicht voll gelingen, seine Persönlichkeit sei letztlich gespalten, sein Triebleben das eines Affen geblieben (Hellmuth Kaiser 1931).
- Noch weiter gehen biografische Deutungen, die in dem Text die Darstellung des Traumas einer homosexuellen Vergewaltigung sehen, die Kafka als Jugendlicher erlebt habe (Günter Mecke, 1982).

Die skizzierten Interpretationsansätze beruhen auf der Vorstellung, Kafkas Texte bildeten eine in sich geschlossene Welt, deren verborgener Sinn sich dem Leser erschließe, wenn er nur den richtigen „Schlüssel“ dafür findet.

Seit den 1960er-Jahren wendet sich die Literaturwissenschaft mehr der Erforschung von Quellen und Erzähltraditionen zu. Sie verweist auf literarische Vorbilder, z. B. von E.T.A. Hoffmann (NACHRICHT VON EINEM GEBILDETEN JUNGEN MANN) und Wilhelm Hauff (DER JUNGE ENGLÄNDER), und recherchiert entstehungsgeschichtliche Quellen, z. B. Berichte über Variétéauftritte von Affen, die Kafka vermutlich bekannt waren.

Der BERICHT in der europäischen Erzählsituation

In die literarische Gestaltung der Figur des Affen Rotpeter fließen aber, so führt Paul Heller (1989) aus, auch Kafkas Kenntnisse wissenschaftlicher Werke ein. Der BERICHT sei in den Kontext der wissenschaftlich-technischen Zivilisationskritik seiner Zeit zu stellen.

Brief an den Vater

Entstehung und Inhalt

Bei dem Text handelt es sich um einen 1919 verfassten, jedoch niemals abgeschickten Brief Franz Kafkas an seinen Vater Hermann, der erst posthum veröffentlicht wurde.

Kafkas Vater hat den an ihn gerichteten Brief nie zu Gesicht bekommen

Inhalt

Im Januar 1919 hatte der seit 1917 an Lungentuberkulose erkrankte Kafka bei einem Kuraufenthalt in Schelesen, einem böhmischen Dorf nördlich von Prag, Julie Wohryzek kennen gelernt und sich einige Monate später mit ihr verlobt. Kafkas Vater reagierte recht ungehalten auf die neuen Heiratspläne des Sohnes, denn die junge Frau stammte aus der untersten sozialen Schicht des Prager Bürgertums, war also nicht standesgemäß. Die für November 1919 geplante Hochzeit kam nicht zustande, vorgeblich wegen Schwierigkeiten bei der Suche nach einer geeigneten Wohnung.

Hermann Kafkas ablehnende Haltung gegenüber den Lebensplänen seines Sohnes gilt zusammen mit dessen schlechter gesundheitlicher Verfassung und der damit verbundenen Schreibkrise als Auslöser für die Abfassung des Briefes an den Vater zwischen dem 10. und 13. November 1919.

Der Brief umfasst im Original mehr als hundert handschriftliche Seiten. Schreibend versucht Kafka darin, seine konflikthafte Beziehung zum Vater zu analysieren und zu bewältigen.

Hermann Kafka (1852–1931)

Aufbau und Gestaltung des Textes

Der Brief an den Vater ist, wie Kafka selbst in einem Brief an Milena Jesenská schreibt, vom Umfang her ein „Riesenbrief“ und von der Art ein „Advokatenbrief“.

Sämtliche Themen in Kafkas Brief kreisen um seine Biografie

Folgende Themen werden angesprochen:
- das Vater-Sohn-Verhältnis,
- die Familien- und Geschäftsverhältnisse der Kafkas,
- Kafkas Berufswahl,
- Sexualität und Ehe,
- das Judentum Kafkas,
- Kafkas Schreiben.

Fiktive Rede des Vaters

Der BRIEF AN DEN VATER endet mit einer fiktiven Ansprache Hermann Kafkas an seinen Sohn, die den Status einer Verteidigungsrede hat und damit dem ganzen Brief nachträglich den Charakter eines Prozesses verleiht.

Ganz am Schluss äußert Kafka die Hoffnung, der Brief möge zur Schlichtung und Beruhigung des Konfliktes beitragen.

Anlass für den Brief ist eine Frage des Vaters an seinen Sohn

Kafkas Text beginnt mit der Anrede „Liebster Vater“ und nimmt eine Frage des Vaters zum Ausgangspunkt: „Du hast mich letzthin einmal gefragt, warum ich behaupte, ich hätte Furcht vor Dir.“ (S. 204, Z. 3 f.) Damit steht bereits im ersten Satz das Thema des ganzen Textes im Raum: Kafka entwirft in seinem Brief ein Bild vom Verhältnis zu seinem Vater, das von der Polarität Macht – Ohnmacht geprägt ist.

Der Brief ist eine Anklage des Sohnes gegenüber seinem Vater

Auch der juristische Charakter des Briefes wird, trotz der persönlichen Anredeformel im Superlativ, sofort deutlich, denn es ist eine dem Vater unterstellte *Behauptung*, die für den Briefschreiber zum Impuls wird, sich zu verteidigen und den Vater anzuklagen. Der Sprachduktus des Briefes erinnert an eine Gerichtsrede mit ausgeklügelter Argumentationslogik (hypotaktische Satzkonstruktionen, insbesondere Bedingungsgefüge, Distanzierung von Fremdpositionen durch die Verwendung des Konjunktivs, Beweisführung mit Hilfe von Zitaten usw.). Der Text ist aber auch von literarischen Techniken (z. B. Übertreibung,

Ein anspruchsvoller Sprachstil und eine komplexe Struktur kennzeichnen den Brief

Verwendung von Metaphern, Vermischung von Fakten und Fiktion, Perspektivenverzerrung) geprägt.

Deutungsansätze

Der Brief als biografisches Dokument …

Kafkas problematische Vaterbeziehung, die im Brief an den Vater ausführlich dargestellt wird, ist in der Forschung lange Zeit als Schlüssel für sein ganzes Werk betrachtet worden. Dabei wurde der literarische Charakter des Briefs unterschätzt. Der Leser sollte sich davor hüten, den Brief als ungefilterte Quelle für Kafkas Biografie zu lesen und alle Aussagen wörtlich zu nehmen. Der Brief an den Vater muss über den biografischen Rahmen hinaus als literarische Fiktion verstanden werden, die sich literaturgeschichtlich in die Reihe von Protesten gegen den Vater als Repräsentanten der patriarchalischen Gesellschaftsstrukturen in der expressionistischen Literatur jener Zeit einordnen lässt (vgl. W. Hasenclevers Drama Der Sohn, 1914). Kafkas Motiv ist also überpersönlich und zeittypisch.

… und als literarischer Text

Wenn, wie Kafkas engster Freund Max Brod bei der Erstveröffentlichung des Briefs in der Zeitschrift „Neue Rundschau“ (1952) betont, der Text weder in Bezug auf den Vater noch auf den Sohn die reine Realität widerspiegelt, muss gefragt werden, wie er dann zu verstehen ist.

Eine erste Antwort findet sich im Text selbst: Im Schreiben verarbeitet der Sohn seine problematische Beziehung zum Vater, durch Schreiben grenzt er sich von den väterlichen Machtansprüchen ab und gewinnt eine eigene Identität. Im Kampf gegen den Vater verliert er vor diesem sein „Selbstvertrauen“ und tauscht dagegen ein „grenzenloses Schuldbewusstsein“ ein (vgl. S. 237, Z. 1096 ff.), das zum Motor seiner literarischen Produktivität und damit zum Mittel seines späten Triumphs wird: Seine Werke sind wirkungsmächtiger als die väterliche Autorität.

Ablösung von den Eltern ermöglicht die eigene Identitätsbildung

Psychologisch lässt sich der Brief als – mehr oder weniger normaler – Ablösungsversuch eines Kindes von den Eltern verstehen, der hier literarisch verarbeitet ist. „Die kindliche Überschätzung der Eltern ist auch im Traum des normalen Erwachsenen enthalten", bemerkt Sigmund Freud 1909. Kafkas gesamtes Werk belegt, dass diese Überschätzung der elterlichen Macht ein wichtiges Element seiner Identitätsbildung ist, in dem auch sein Selbstverständnis als Schriftsteller gründet. Im BRIEF AN DEN VATER wird dies mehrfach deutlich:

Macht und Ohnmacht zwischen Vater und Sohn

- Die Darstellung des Vaters als Mensch, der einen ausgeprägten Lebens-, Geschäfts- und Eroberungswillen hat, gepaart mit Rücksichtslosigkeit, Verachtung des Schwächeren und Durchsetzungsvermögen, erlaubt es dem Sohn, sich selbst als hilfloses, stets unterlegenes Opfer zu stilisieren, das den Kampf mit dem Vater gar nicht erst aufnimmt, sondern „das Nichts" (S. 260, Z. 1848) – die Schriftstellerei in den Augen des Vaters – wählt. Indem er die vom Vater nicht reflektierten Verhältnisse mit dem Mittel der Sprache analysiert und bloßlegt, gewinnt er über diesen eine weitaus größere Macht zurück, denn er erweist sich als der Überlegene.

Frühkindliche Traumata – sozialdarwinistische Gedanken machen sich breit

- In Abgrenzung zum Vater entwirft Kafka, ausgehend von traumatischen frühkindlichen Erfahrungen, das Selbstbild eines angstbesetzten, unzulänglichen, schwachen Menschen, der in der autoritär strukturierten Gesellschaft nicht lebensfähig ist. Damit greift er sozialdarwinistische Gedanken auf, die er seinem Vater unterstellt und von denen er sich gleichzeitig distanziert.

Die Frage nach den Gründen für Kafkas gescheiterte Heiratsversuche steht im Mittelpunkt

- Zentrales Thema des Briefs ist die Frage, warum alle Heiratsversuche Kafkas gescheitert sind. Kafka versichert, dass „Heiraten, eine Familie gründen, alle Kinder, welche kommen, hinnehmen, in dieser unsicheren Welt erhalten und gar noch ein wenig führen […] das Äußerste [ist], das einem Menschen überhaupt gelingen kann." (S. 250, Z. 1536 ff.) Er erkennt aber zugleich, dass Heirat und Ehe meist aus reiner Gewohnheit geschehen. Er selbst dagegen habe Monate über den Plan der Heirat und der Familiengründung nachgedacht und dabei erkannt, „daß zur Familienerhaltung oder gar zu ihrer Führung alles das notwendig gehört, was ich an Dir [= am Vater] erkannt habe" (S. 260, Z. 1852 ff.). **Heirat, Ehe und Familiengründung wären demnach zwar ein Schritt in die Selbstständigkeit, jedoch auf einem Gebiet, das vom Vater bereits besetzt ist und das der Sohn deshalb weder einnehmen kann noch will.**

- Am Ende des Briefs greift Kafka zum literarischen Mittel der Rollenprosa: Er übernimmt fiktiv die Position des Vaters, der den Sohn als lebensuntüchtig bezeichnet und mit Ungeziefer vergleicht, um sie danach widerlegen zu können. Die Übernahme der Vaterrolle erlaubt ihm, seine eigene Überlebensstrategie zu karikieren und sich ironisch von ihr zu distanzieren, zeigt aber gleichzeitig, wie sehr er die väterliche Instanz verinnerlicht hat.

Mehr zur Gegenrede des Vaters ➤ siehe Oldenbourg Interpretation zur VERWANDLUNG/BRIEF … (Kapitel 5.2.4)

Die Familie Kafka gehörte zur Minorität der assimilierten deutschsprachigen Westjuden in der Prager Bevölkerung. Das Thema Judentum kommt auch im BRIEF AN DEN VATER zur Sprache. Franz Kafka wirft darin dem Vater vor, er habe über ein „Nichts von Judentum" verfügt und ihm, dem Sohn, eine rein äußerliche, auf leere und unglaubwürdige Rituale begrenzte Form von Religion vorgelebt. Kafkas Interesse an jüdischer Kultur, jüdischem Glauben und Leben – er besuchte als junger Mann die Vorstellungen ostjüdischer Schauspieltruppen in Prag und befasste sich

Kafka-Denkmal in Prag

ein Leben lang mit dem Gedankengut des Zionismus – habe der Vater nicht als Möglichkeit genutzt, um neue Beziehungen mit ihm zu knüpfen. Stattdessen habe er seine Beschäftigung mit „jüdischen Dingen" pauschal abgelehnt und abgewertet.

Heimkehr

Entstehung

HEIMKEHR – geschrieben Ende August 1920 – entstammt den von Max Brod unter dem Titel BESCHREIBUNG EINES KAMPFES herausgegebenen Schriften aus dem Nachlass, wurde also von Kafka zu Lebzeiten selbst nicht veröffentlicht. In biografischer Hinsicht entstand der Text während einer Schaffensperiode, der tatsächliche Heimkehrsituationen des Autors vorausgingen, die allerdings eher zwiespältig zu sehen sind: Nach Beendigung einer mehrmonatigen Kur in Meran, einem mehrwöchigen Aufenthalt bei der Schwester Elli und insbesondere einer Begegnung mit der langjährigen Vertrauten Milena Jesenská wird Kafka deutlich, dass seine Beziehung zu ihr ebenso unglücklich wie seine bisher gescheiterten Verlobungen enden wird. **Kafkas Emanzipation vom Elternhaus wird sich nicht mehr einstellen, es bleibt ihm das Leben mit und umgeben von Literatur.**

Biografische Bezüge

Inhalt

Die relativ kurze Ich-Erzählung beschreibt die Gedanken und Gefühle eines zu seinem Elternhaus zurückkehrenden Sohnes nach offenbar längerer Abwesenheit. Ein Vergleich mit dem biblischen Gleichnis vom „Verlorenen Sohn" drängt sich auf, ist aber nicht zwingend. Die am Anfang und am Schluss offene Handlung beginnt mit der Ankunft des Rückkehrers auf dem landwirtschaftlichen Anwesen des Vaters. Der Hof zeigt unübersehbar Spuren von Verfall und der Ich-Erzähler reflektiert in einer Art innerem Dialog seine Gefühlslage („Ist dir heimlich, fühlst du dich zu Hause?").

Kontrasttext: Gleichnis vom „Verlorenen Sohn"

Er bleibt stehen, scheut das Betreten des Elternhauses, kann sich so aber auch kein genaues Bild der Lage machen. Fremdheitsgefühle stellen sich ein und der Heimkehrer fragt sich, ob er selbst überhaupt zur Kommunikation bereit ist. Ob es zu einer Begegnung, einer wirklichen Rückkehr kommt, bleibt offen.

Kommunikationsbarrieren verhindern das Eintreten des Sohnes in sein Elternhaus

Aufbau und Gestaltung des Textes

Ein bei Kafka häufig anzutreffendes Handlungsschema scheint auch hier durch: Nach einem kurzen dynamischen Anstieg schlägt die Handlung entweder in ihr Gegenteil um (vgl. etwa im PROCESS-Roman K.s Auftreten vor Gericht) oder es beginnt eine längere Phase der Verzögerung, des Zweifels, der Rückläufigkeit bis hin zu Scheitern oder Tod.

Dies ist auch hier zu erkennen: Die Ankunft des Rückkehrers vollzieht sich zunächst zügig („ich habe […] durchschritten", S. 264, Z. 2 f.), dann aber hemmen Beobachtungen und Selbstzweifel die Vorwärtsbewegung. Die Beobachtungen sind trist („altes, unbrauchbares Gerät", S. 264, Z. 4, „ein zerrissenes Tuch, einmal im Spiel um eine Stange gewunden", S. 264, Z. 6 f.) und die Sinneswahrneh-

Erzähltempo und innere Handlung bilden einen Gegensatz

mungen aufgrund des Verharrens unscharf („oder glaube ihn vielleicht nur zu hören“).

Das väterliche Haus vermittelt einen wenig wohnlichen, keine Geborgenheit signalisierenden Eindruck („kalt steht Stück neben Stück [...]“, S. 264, Z. 13). Auf Seiten des Ich-Erzählers kommt ein schwaches Selbstbewusstsein, ja, das Gefühl der eigenen Bedeutungslosigkeit hinzu („Was kann ich ihnen nützen [...]“, S. 264, Z. 15 f.). Seine Spekulationen über die Geheimnisse der in der Küche sitzenden Personen und die Wahrung des eigenen Geheimnisses sind Zeichen äußerster Entfremdung. Eine glückende, von Versöhnung und Vermittlung geprägte Heimkehr – wie im ‚Gleichnis vom verlorenen Sohn‘ des Lukas-Evangeliums – ist wenig wahrscheinlich.

Deutungsaspekte

Diese Motive wiederholen sich auch in der restlichen Kurzprosa Kafkas

Zentrale Motive Kafka'scher Epik finden sich hier:

- die misslingende Ankunft,
- das unerreichbare Ziel,
- das Scheitern in wichtigen Lebenssituationen.

Ein Hungerkünstler

Entstehung

Erstveröffentlichung in der Zeitschrift „Neue Rundschau“ im Oktober 1922

EIN HUNGERKÜNSTLER ist die Titelgeschichte eines 1924 erschienenen Sammelbands mit vier Erzählungen. Sie entstand Ende Mai 1922, als Kafkas Arbeit an seinem Romanprojekt DAS SCHLOSS ins Stocken geriet und er mit der Produktion anderer Texte seine Schreibkrise zu überwinden versuchte. Kafka schickte das Manuskript vermutlich aus eigener Initiative an die Zeitschrift „Neue Rundschau“, in der die Erzählung im Oktober erstmals erschien.

Inhalt

Der Protagonist und sein Werdegang

Protagonist der Erzählung ist ein Hungerkünstler, der zunächst mit seinem geschäftstüchtigen Impresario durch die Lande zieht und überall auf zahlreiches Publikum trifft, das seine Kunst bewundert.

Aber die Zeiten ändern sich und das öffentliche Interesse am Schauhungern nimmt schlagartig ab, sodass sich der Hungerkünstler einem großen Zirkus anschließt, wo er in seinem Käfig, auf halbem Weg zwischen Zirkuszelt und Raubtiergehegen, nur noch eine Pausenattraktion darstellt.

Motiv der Nahrungsverweigerung

Das Publikum vergisst ihn mehr und mehr, und irgendwann entdecken Arbeiter den Ausgemergelten unter dem Stroh in seinem Käfig. Bevor er stirbt, verrät er ihnen den wahren Grund seines Hungerns. Er könne nicht anders, weil er die Speise, die ihm schmeckt, nicht gefunden habe. Hätte er sie gefunden, er hätte sich „vollgegessen wie […] alle" (S. 277, Z. 409). Der Hungerkünstler wird begraben und in seinen Käfig zieht ein junger kraftvoller Panther ein, der sofort zum neuen Anziehungspunkt für das Publikum wird.

Aufbau und Gestaltung des Textes

Dreiteiliger Aufbau der Erzählung

Die in sich geschlossene Erzählung lässt sich in drei Abschnitte gliedern, die den Stationen der Handlung folgen:

- Bericht über die lange zurückliegende Blütezeit des Hungerkünstlers und ausführliche Schilderung einer Hungerperiode,
- Umschwung des Publikumsinteresses und zunehmende Bedeutungslosigkeit des Hungerkünstlers,
- Tod des Hungerkünstlers, Neubelegung des Käfigs mit einem Panther.

Paradoxer Titel der Erzählung: Hungern versus Kunst

Bereits der Titel der Erzählung wirkt befremdlich, denn zwischen „Kunst" und „Hungern" besteht ein paradoxer

Widerspruch, den die Erzählung nicht auflöst, sondern als Selbstverständlichkeit darstellt: Wer hungert, befindet sich in einem passiven Zustand, nimmt einen Nahrungsmangel in Kauf und büßt Vitalität ein; wer Kunst ausübt, ist hingegen aktiv tätig und greift gestaltend und produktiv in die Welt ein. Die Kunst des Hungerkünstlers, den der Impresario zu kommerziellen Zwecken in einen Käfig einsperrt und zur Schau stellt, besteht also aus der Verneinung dessen, was Kunst per definitionem auszeichnet.

Widersprüchliche Situation des Protagonisten

Die paradoxe Situation des Hungerkünstlers wird vom Erzähler in einer doppelten Perspektive dargestellt. Aus Zuschauersicht erzählt er von den längst vergangenen Glanzzeiten des Schauhungerns, er nimmt aber auch die Sicht des Hungerkünstlers ein und schildert, wie dieser zwischen den Strategien seines Impresarios, den Ansprüchen des verständnislosen Publikums und den eigenen künstlerischen Ambitionen aufgerieben wird. Mit ironischem Unterton berichtet der Erzähler, dass der Hungerkünstler erst in dem Moment zur Höchstform seiner Kunst gelangt, als diese längst in Vergessenheit geraten ist. Seine Künstlerexistenz ist vom Widerspruch zwischen dem Bedürfnis nach Anerkennung eines Publikums, das sich nicht für die inneren Bedingungen seiner Kunst interessiert, und einem ganz der Kunst gewidmeten Leben in der Isolation geprägt.

Tod des Protagonisten und Erkenntnis seiner Lebenslüge

Erst auf dem Sterbebett erkennt der Hungerkünstler seine Lebenslüge: Nicht der Wille zur Kunst, sondern ein innerer Zwang war der Beweggrund für sein Dasein. So weist er am Ende die Bewunderung seiner Kunst zurück, „weil ich hungern muß, ich kann nicht anders. […] weil ich nicht die Speise finden konnte, die mir schmeckt“ (S. 277, Z. 400 ff.).

Der Panther wirkt wie ein Gegenentwurf zum Hungerkünstler

Die Erzählung endet mit dem Bericht vom Begräbnis des Hungerkünstlers „samt dem Stroh“. In dessen Käfig lebt nun „ein[en] junge[r][n] Panther“, dem die Wächter „Nahrung, die ihm schmeckte", bringen und der, obwohl ebenfalls eingesperrt, „nicht einmal die Freiheit [...] zu vermissen" (S. 277, Z. 420 f.) scheint und durch seine „Freude am Leben" das Publikum anzieht.

Deutungsansätze

Wie bei vielen der fantastisch-grotesk anmutenden Texte Kafkas gibt es auch hier reale Hintergründe, die für die Deutung der Erzählung jedoch kaum eine Rolle spielen: Das Schauhungern war um die Jahrhundertwende in Amerika und Europa eine von der Presse viel beachtete zirkusähnliche Attraktion, die zur Zeit der Textentstehung (1922) jedoch angesichts der grausamen Hungerkatastrophen der Nachkriegsjahre nicht mehr den Geschmack des Publikums treffen konnte.

Schauhungern als realer Hintergrund der Erzählung

Im Kontext anderer Künstler-Erzählungen, die Kafka u. a. in seinem letzten Buch veröffentlichte, entfaltet die Erzählung ihren Deutungsspielraum:

Biografische Deutung

- Biografisch: Als Kafka 1922 innerhalb von zwei Tagen die Erzählung EIN HUNGERKÜNSTLER schrieb, ist seine Krankheit bereits weit fortgeschritten. Immer mehr, so kann man seinen Tagebüchern entnehmen, kommen in ihm Zweifel an der Richtigkeit seiner Lebensprinzipien – Askese, Enthaltsamkeit, Verzicht auf Familie – auf, die er für die Grundvoraussetzungen seiner dichterischen Schaffenskraft hielt. Die biografische Deutung sieht deshalb in der HUNGERKÜNSTLER-Erzählung eine Verarbeitung von Kafkas problematischer Künstlerexistenz (vgl. auch BRIEF AN DEN VATER).

Soziologische Deutung

- Soziologisch: Auch der als Kontrastfigur zum Hungerkünstler gestaltete Impresario kann einen Zugang zum Text eröffnen. Seine Vermittlung zwischen Künstler und Publikum bleibt äußerliche Inszenierung und zielt auf Vermarktung ab, fördert aber nicht das Verständnis für seine Kunst. Sowohl der Künstler, der seine Hungervorstellung nach einer Frist von 40 Tagen – so lange fastete auch Jesus in der Wüste – publikumswirksam abbrechen muss, als auch das Publikum, dem damit die versprochenen Höchstleistungen des Künstlers vorenthalten werden, werden also betrogen. Im übertragenen Sinn kann die Erzählung als Kritik am Kulturbetrieb gedeutet werden.

Das Hungern hat viele Facetten: Sich zu Tode hungern, Hungerstreik usw.

Motivgeschichtlicher Zugang

- Motivgeschichtlich: Eine Einordnung des Textes in motivgeschichtliche Zusammenhänge führt zu einem weiteren Deutungsansatz. Das Motiv der Nahrungsaufnahme, das in der europäischen Erzähltradition von der biblischen Abendmahlgeschichte bis zu Thomas Manns Roman BUDDENBROOKS tief verwurzelt ist, verweist auf den Themenkomplex Gemeinschaft – Außenseiter. Wer Nahrung verweigert, sondert sich aus der Gemeinschaft ab und verliert den Kontakt zum Leben selbst. **Die Außenseiterposition von Kafkas Figuren wird oft durch ihr problematisches Verhältnis zum Essen verdeutlicht** (**z. B. Gregor Samsa in DIE VERWANDLUNG**), **worin sie übrigens ihrem Autor durchaus ähnlich sind.** Franz Kafkas asketische Lebensführung, zu der die sorgfältige Auswahl von Lebensmitteln, der Verzicht auf Fleisch und die Anwendung spezieller Kautechniken gehörten, kann sicher auch als Protest gegen das Lebenskonzept seines Vaters interpretiert werden. Die Verletzung der Familiennormen ist für Kafka als Dichter existenziell.

EIN HUNGERKÜNSTLER zeigt, vom Schluss her gedeutet, auch die Ambivalenz einer solchen grundsätzlichen Enthaltsamkeit: Hunger ist nicht nur ein Zustand des Mangels an Nahrung – körperlicher, geistiger, sozialer usw. –, sondern auch Ausdruck einer Sehnsucht nach der Fülle des Lebens.

3 Abituraufgaben mit Lösungsvorschlägen

In diesem Kapitel werden vier Aufgabentypen vorgestellt, die auf Kafkas ERZÄHLUNGEN im Abitur vorbereiten und unterschiedliche Anforderungen an Sie stellen. Die Aufgaben sind als Vorschläge zu verstehen, deren Schwierigkeitsgrad sich an Abiturklausuren orientiert. Sie können Sie zur persönlichen Lernerfolgskontrolle als Vorbereitung auf Ihre schriftliche Abiturprüfung einsetzen.

Im Anschluss an jede Aufgabe wird ein Erwartungshorizont angeführt. Dieser ist zweigeteilt: Die **Mindestanforderungen** stehen für eine ausreichende Leistung (ab 5 Punkten), die **darüber hinausgehenden Anforderungen** decken die obere Notenskala ab (‚gut'). Bei diesen Lösungsvorschlägen handelt es sich um Denkanstöße und Ansätze, die sorgfältig ausformuliert und mit Textstellen belegt werden müssen.

Es gibt ein Spektrum unterschiedlicher Lösungen

3.1 DIE VERWANDLUNG (analytische Aufgabe)

Franz Kafka: DIE VERWANDLUNG (in: Franz Kafka: DIE VERWANDLUNG, DAS URTEIL UND ANDERE ERZÄHLUNGEN, München 2008, S. 65, Z. 1228 – S. 67, Z. 1301)

Wohl nach schon viertelstündiger Arbeit sagte die Mutter, man solle den Kasten doch lieber hier lassen, denn erstens sei er zu schwer, sie würden vor Ankunft des Vaters nicht fertig werden und mit dem Kasten in der Mitte des Zimmers Gregor jeden Weg verrammeln, zweitens aber sei es doch gar nicht sicher, daß Gregor mit der Entfernung der Möbel ein Gefallen geschehe. Ihr scheine das Gegenteil der Fall zu sein; ihr bedrücke der Anblick der leeren Wand geradezu das Herz; und warum solle nicht auch Gregor diese Empfindung haben, da er doch an die Zimmermöbel längst gewöhnt sei und sich deshalb im leeren Zimmer verlassen fühlen werde. „Und ist es dann nicht so", schloß die Mutter ganz leise, wie sie überhaupt fast flüsterte, als wolle sie vermeiden, daß Gregor, dessen genauen Aufenthalt sie ja nicht kannte, auch nur den Klang der Stimme höre, denn daß er die Worte nicht verstand, davon war sie überzeugt, „und ist es nicht so, als ob wir durch die Entfernung der Möbel zeigten, daß wir jede Hoffnung auf Besserung aufgeben und ihn rücksichtslos sich selbst überlassen? Ich glaube, es wäre das beste, wir suchen das Zimmer genau in dem Zustand zu erhalten, in dem es früher war, damit Gregor, wenn er wieder zu uns zurückkommt, alles unverändert findet und um so leichter die Zwischenzeit vergessen kann."

Beim Anhören dieser Worte der Mutter erkannte Gregor, daß der Mangel jeder unmittelbaren menschlichen Ansprache, verbunden mit dem einförmigen Leben inmitten der Familie, im Laufe dieser zwei Monate seinen Verstand hatte verwirren müssen, denn anders konnte er es sich nicht erklären, daß er ernsthaft darnach hatte verlangen können, daß sein Zimmer ausgeleert würde. Hatte er wirklich Lust, das warme, mit ererbten Möbeln gemütlich ausgestattete Zimmer in eine Höhle verwandeln zu lassen, in der er dann freilich nach allen Richtungen ungestört würde kriechen können, jedoch auch unter gleichzeitigem schnellen, gänzlichen Vergessen seiner menschlichen Vergangenheit? War er doch jetzt schon nahe daran, zu vergessen, und nur die seit langem nicht gehörte Stimme der Mutter hatte ihn aufgerüttelt. Nichts sollte entfernt werden; alles mußte bleiben; die guten Einwirkungen der Möbel auf seinen Zustand konnte er nicht entbehren; und wenn die Möbel ihn hinderten, das sinnlose Herumkriechen zu betreiben, so war es kein Schaden, sondern ein großer Vorteil.

Aber die Schwester war leider anderer Meinung; sie hatte sich, allerdings nicht ganz unberechtigt, angewöhnt, bei Besprechung der Angelegenheiten Gregors als besonders Sachverständige gegenüber den Eltern aufzutreten, und so war auch jetzt der Rat der Mutter für die Schwester Grund genug, auf der Entfernung nicht nur des Kastens und des Schreibtisches, an die sie zuerst allein gedacht hatte, sondern auf der Entfernung sämtlicher Möbel, mit Ausnahme des unentbehrlichen Kanapees, zu bestehen. Es war natürlich nicht nur kindlicher Trotz und das in der letzten Zeit so unerwartet und schwer erworbene Selbstvertrauen, das sie zu dieser Forderung bestimmte; sie hatte doch auch tatsächlich beobachtet, daß Gregor viel Raum zum Kriechen brauchte, dagegen die Möbel, soweit man sehen konnte, nicht im geringsten benützte. Vielleicht aber spielte auch der schwärmerische Sinn der Mädchen ihres Alters mit, der bei jeder Gelegenheit seine Befriedigung sucht, und durch den Grete jetzt sich dazu verlocken ließ, die Lage Gregors noch schreckenerregender machen zu wollen, um dann noch mehr als bis jetzt für ihn leisten zu können. Denn in einen Raum, in dem Gregor ganz allein die leeren Wände beherrschte, würde wohl kein Mensch außer Grete jemals einzutreten sich getrauen.

Und so ließ sie sich von ihrem Entschlusse durch die Mutter nicht abbringen, die auch in diesem Zimmer vor lauter Unruhe unsicher schien, bald verstummte und der Schwester nach Kräften beim Hinausschaffen des Kastens half.

Aufgabenstellung

1. Ordnen Sie den Textauszug in den Handlungsverlauf der Erzählung ein und skizzieren Sie seine Bedeutung.
2. Untersuchen Sie anhand des gegebenen Textabschnitts, inwieweit sich die Rollen der drei Familienmitglieder inzwischen verändert haben (bezogen auf die Zeit vor Gregors Verwandlung).
   Welche Ziele und Absichten verfolgen sie in dieser Phase der Handlung?
3. Beziehen Sie die erzählerische Gestaltung der Passage in Ihren Interpretationsaufsatz ein.

Operatoren „Ordnen Sie ein“, „Skizzieren Sie“, „Untersuchen Sie“, „Beziehen Sie“

Was wird erwartet? Eine Textanalyse dieses Textausschnitts wird hier von Ihnen erwartet.

Operatoren sind Handlungsanweisungen, die eindeutig den Arbeitsauftrag definieren

Zunächst müssen Sie die Bedeutung des Textausschnittes erkennen und in den Gesamtkontext der Erzählung DIE VERWANDLUNG einordnen. Anschließend müssen Sie die Rollen der Figuren (Gregor, Schwester, Mutter) untersuchen und ihre Handlungsabsichten darstellen. In Ihrem Aufsatz sollten Sie auch die sprachlichen Gestaltung des Textauszuges berücksichtigen (einbeziehen).

Mindestanforderungen

Aufgabe 1: Bedeutung des Textauszugs erkennen und in den Kontext der Erzählung einordnen

1. Skizzieren der familiären Situation und der Rolle Gregors vor der Verwandlung.
2. Kurzes Darstellen der Situation nach der Verwandlung mit den wichtigsten Gesichtspunkten (z. B. Erscheinen des Prokuristen, Offenbarung der Käfergestalt, erste Verletzung durch den Vater).
3. Kurze Erläuterung der Bedeutung des Textabschnitts für die anschließende Eskalation der Handlung.

Aufgabe 2: Veränderung in den Rollen der Figuren erkennen

1. Erkennen der neuen Rolle Gretes als „Sachverständige" in Gregors Angelegenheiten.
2. Position der Mutter: Sie versteht die Zusammenhänge nur teilweise, hat aber Hoffnung auf Wiedererlangung des früheren Zustands („Besserung") noch nicht aufgegeben. Die Möbel können dabei helfen.
3. Rolle Gregors: Vom Ernährer der Familie zum Außenseiter „inmitten der Familie". Er erkennt den Grad seiner ‚Vertierung' und versteht die Möbel-Frage als Kampf um den Verlust seiner menschlichen Identität.

Aufgabe 3: Sprachliche Gestaltung des Textauszuges einbeziehen

Sie müssen die personale Erzählweise und ihrer Wirkungen an einem Beispiel erläutern.

Darüber hinausgehende Anforderungen

Aufgabe 1: Bedeutung des Textauszugs und in den Kontext der Erzählung einordnen (ergänzende Aussagen)

1. Sie erkennen die parasitäre Rolle der Familie gegenüber Gregor vor der Verwandlung.
2. Sie stellen die unmenschlichen Aspekte seines Berufslebens dar und wägen sie gegenüber dem Dienst an der Familie ab.
3. Sie sehen die Bedeutung der Verwandlung als funktionale Störung, als Katalysator der latent in der Familie vorhandenen Konflikte.
4. Sie sehen die Eskalation hin zur entscheidenden zweiten Verletzung Gregors.

Aufgabe 2: Veränderung in den Rollen der Figuren erkennen (ergänzende Aussagen)

1. Sie verstehen die neue Rolle Gretes als innerfamiliären Machtzuwachs, sie vermag sich nun auch gegenüber der Mutter durchzusetzen.
2. Die emotionale Verletzlichkeit und mangelnde Durchsetzungskraft der Mutter verhindert eine Intervention zugunsten Gregors.
3. Gregor vertritt das letzte Mal wirklich offensiv seine Belange, der dritte ‚Ausbruchsversuch' wird deutlich passiveren Charakter haben.

Aufgabe 3: Sprachliche Gestaltung des Textauszuges einbeziehen (ergänzende Aussagen)

Sie müssen erkennen, dass in der Offenlegung der Motive Gretes die personale Erzählweise zugunsten eines temporär auktorialen Erzählens zurücktritt.

3.2 Die Verwandlung (gestaltende Aufgabe)

Franz Kafka: Die Verwandlung (in: Franz Kafka, Die Verwandlung, Das Urteil und andere Erzählungen, München 2008, S. 73, Z. 1500 – S. 74, Z. 1516, Ende des zweiten Kapitels)

Hier wird ein Tagebucheintrag von Ihnen erwartet

Ein ihm sofort nachfliegender drang dagegen förmlich in Gregors Rücken ein; Gregor wollte sich weiterschleppen, als könne der überraschende unglaubliche Schmerz mit dem Ortswechsel vergehen; doch fühlte er sich wie festgenagelt und streckte sich in vollständiger Verwirrung aller Sinne. Nur mit dem letzten Blick sah er noch, wie die Tür seines Zimmers aufgerissen wurde, und vor der schreienden Schwester die Mutter hervoreilte, im Hemd, denn die Schwester hatte sie entkleidet, um ihr in der Ohnmacht Atemfreiheit zu verschaffen, wie dann die Mutter auf den Vater zulief und ihr auf dem Weg die aufgebundenen Röcke einer nach dem anderen zu Boden glitten, und wie sie stolpernd über die Röcke auf den Vater eindrang und ihn umarmend, in gänzlicher Vereinigung mit ihm – nun versagte aber Gregors Sehkraft schon – die Hände an des Vaters Hinterkopf um Schonung von Gregors Leben bat.

Aufgabenstellung

Nach dieser dramatischen Situation zieht sich Grete in ihr Zimmer zurück, schließt ihre Schreibtischschublade auf, holt ihr Tagebuch heraus und verfasst einen längeren Eintrag.

Darin schreibt sie unter anderem

- über die neue Lage in der Familie und Gregors Verwandlung,
- ihre eigene neue Rolle innerhalb dieser Familie,
- und über die Ereignisse, die zur schweren Verletzung Gregors geführt haben.

Verfassen Sie diesen ausführlichen fiktiven Tagebucheintrag.

Operatoren „Verfassen Sie“

Was wird erwartet? Hier wird eine kreative Aufgabe von Ihnen verlangt, bei der Sie sich in die Rolle von Grete hineinversetzen müssen.

Mindestanforderungen

1. Darstellen des früheren Wohllebens der Familie sowie ihrer persönlichen Vorteile während der Berufstätigkeit Gregors,
2. Thematisieren ihrer neuen Sonderbeziehung zu Gregor und des damit verbundenen Machtzuwachses innerhalb der Familie,
3. Reflexion der durch die Möbel-Szene ausgelösten Kontroverse mit der Mutter sowie der anschließenden Eskalation.

Darüber hinausgehende Anforderungen

1. Gegebenenfalls Reflexion der besonderen Zuneigung Gregors zu ihr,
2. Ausphantasieren des möglichen Fortgangs eines Zusammenlebens mit dem verwandelten Gregor und ihrer Rolle dabei oder Diskussion möglicher Alternativen,
3. Nachdenken über ihre ambivalente Beziehung zur Mutter – einerseits Durchsetzung und Abgrenzung, andererseits assistierende Hilfe,
4. Reflexion der gewaltätigen Reaktion des Vaters auf ihre Feststellung des „Ausbruchs“ von Gregor (ohne dass diesmal eine Bedrohungssituation gedeutet werden konnte).

Wie bei jeder gestaltenden Aufgabe sind auch andere situationsangemessene und im Horizont der Figur stehende Gesichtspunkte zuzulassen und angemessen zu würdigen.

3.3 Brief an den Vater (analytische Aufgabe)

Franz Kafka, Brief an den Vater. München 2008 (in: Franz Kafka, Die Verwandlung, Das Urteil und andere Erzählungen, München 2008, S. 261, Z. 1898 – S. 263, Z. 1966)

Du könntest, wenn Du meine Begründung der Furcht, die ich vor Dir habe, überblickst, antworten: „Du behauptest, ich mache es mir leicht, wenn ich mein Verhältnis zu Dir einfach durch Dein Verschulden erkläre, ich aber glaube, daß Du trotz äußerlicher Anstrengung es Dir zumindest nicht schwerer, aber viel einträglicher machst. Zuerst lehnst auch Du jede Schuld und Verantwortung von Dir ab, darin ist also unser Verfahren das gleiche. Während ich aber dann so offen, wie ich es auch meine, die alleinige Schuld Dir zuschreibe, willst Du gleichzeitig ‚übergescheit' und ‚überzärtlich' sein und auch mich von jeder Schuld freisprechen. Natürlich gelingt Dir das letztere nur scheinbar (mehr willst Du ja auch nicht), und es ergibt sich zwischen den Zeilen trotz aller ‚Redensarten' von Wesen und Natur und Gegensatz und Hilflosigkeit, daß eigentlich ich der Angreifer gewesen bin, während alles, was Du getrieben hast, nur Selbstwehr war. Jetzt hättest Du also schon durch Deine Unaufrichtigkeit genug erreicht, denn Du hast dreierlei bewiesen, erstens daß Du unschuldig bist, zweitens daß ich schuldig bin und drittens daß Du aus lauter Großartigkeit bereit bist, nicht nur mir zu verzeihn, sondern, was mehr und weniger ist, auch noch zu beweisen und es selbst glauben zu wollen, daß ich, allerdings entgegen der Wahrheit, auch unschuldig bin. Das könnte Dir jetzt schon genügen, aber es genügt Dir noch nicht. Du hast es Dir nämlich in den Kopf gesetzt, ganz und gar von mir leben zu wollen. Ich gebe zu, daß wir miteinander kämpfen, aber es gibt zweierlei Kampf. Den ritterlichen Kampf, wo sich die Kräfte selbständiger Gegner messen, jeder bleibt für sich, verliert für sich, siegt für sich. Und den Kampf des Ungeziefers, welches nicht nur sticht, sondern gleich auch zu seiner Lebenserhaltung das Blut saugt. Das ist ja der eigentliche Berufssoldat und das bist Du. Lebensuntüchtig bist Du;

um es Dir aber darin bequem, sorgenlos und ohne Selbstvorwürfe einrichten zu können, beweist Du, daß ich alle Deine Lebenstüchtigkeit Dir genommen und in meine Taschen gesteckt habe. Was kümmert es Dich jetzt, wenn Du lebensuntüchtig bist, ich habe ja die Verantwortung, Du aber streckst Dich ruhig aus und läßt Dich, körperlich und geistig, von mir durchs Leben schleifen. Ein Beispiel: Als Du letzthin heiraten wolltest, wolltest Du, das gibst Du ja in diesem Brief zu, gleichzeitig nicht heiraten, wolltest aber, um Dich nicht anstrengen zu müssen, daß ich Dir zum Nichtheiraten verhelfe, indem ich wegen der ‚Schande', die die Verbindung meinem Namen machen würde, Dir diese Heirat verbiete. Das fiel mir nun aber gar nicht ein. Erstens wollte ich Dir hier wie auch sonst nie ‚in Deinem Glück hinderlich sein', und zweitens will ich niemals einen derartigen Vorwurf von meinem Kind zu hören bekommen. Hat mir aber die Selbstüberwindung, mit der ich Dir die Heirat freistellte, etwas geholfen? Nicht das Geringste. Meine Abneigung gegen die Heirat hätte sie nicht verhindert, im Gegenteil, es wäre an sich noch ein Anreiz mehr für Dich gewesen, das Mädchen zu heiraten, denn der ‚Fluchtversuch', wie Du Dich ausdrückst, wäre ja dadurch vollkommen geworden. Und meine Erlaubnis zur Heirat hat Deine Vorwürfe nicht verhindert, denn Du beweist ja, dass ich auf jeden Fall an Deinem Nichtheiraten schuld bin. Im Grunde aber hast Du hier und in allem anderen für mich nichts anderes bewiesen, als daß alle meine Vorwürfe berechtigt waren und daß unter ihnen noch ein besonders berechtigter Vorwurf gefehlt hat, nämlich der Vorwurf der Unaufrichtigkeit, der Liebedienerei, des Schmarotzertums. Wenn ich nicht sehr irre, schmarotzest Du an mir auch noch mit diesem Brief als solchem."

Aufgabenstellung

1. Ordnen Sie die Textstelle in den BRIEF AN DEN VATER ein.
2. Untersuchen Sie, wie Kafka die fiktive Erwiderung des Vaters inhaltlich und sprachlich gestaltet.
3. Erörtern Sie vor dem Hintergrund Ihres Wissens über Kafkas Leben, inwiefern der BRIEF AN DEN VATER als biografisches Dokument oder literarischer Text zu verstehen ist.

Operatoren „Ordnen Sie ein", „Untersuchen Sie", „Erörtern Sie"

Was wird erwartet? In der ersten Aufgabe sollen Sie die Textstelle in den Zusammenhang des Gesamttextes einordnen. Achten Sie dabei nicht nur auf das, was der Textstelle vorausgeht, sondern auch darauf, was folgt. Die zweite Aufgabe erfordert eine genaue Analyse der Textstelle im Hinblick auf ihre inhaltliche und sprachliche Gestaltung. In der dritten Aufgabe erörtern Sie eine Streitfrage. Hier müssen Sie Argumente formulieren und ein begründetes Urteil fällen. Eine schematisch aufgebaute dialektische Erörterung wird nicht erwartet, wohl aber ein differenziertes Abwägen des Für und Wider der These und eine Absicherung Ihrer Aussagen durch Belege (Faktenwissen, literarisches Wissen, Textstellen).

Mindestanforderungen

Aufgabe 1: Einordnung der Textstelle

Nach einer knappen Einleitung (Vorstellung des Textes mit Titel, Textsorte, Autor, Thema) skizzieren Sie den Inhalt der Textstelle. Sie ordnen die Rede des Vaters formal (kurz vor Ende des BRIEFS) und inhaltlich (Höhepunkt der ‚Abrechnung' mit dem Vater) ein. Sie legen dar, dass der BRIEF mit einer Gegenantwort des Sohnes schließt, in der dieser die Hoffnung ausdrückt, der Brief möge zur Beruhigung des Vater-Sohn-Verhältnisses beitragen.

Aufgabe 2: Textanalyse
Sie arbeiten heraus, dass die Rede des Vaters fiktiv ist und nur in der Fantasie des Sohnes existiert. Sie erkennen ihren Charakter als Verteidigungsrede und arbeiten zentrale rhetorische Mittel heraus (Hypotaxe, insbesondere Bedingungssätze, Finalsätze, Kausalsätze, Wortfeld „Schuld", „Kampf", „Wahrheit", Metaphorik, argumentativer Aufbau, Beweisführung durch Beispiele). Sie zeigen auf, dass der gesamte Brief dadurch nachträglich den Charakter eines Strafprozesses bekommt. Ihre Aussagen sichern Sie argumentativ ab und belegen sie mit wichtigen Textstellen.

Aufgabe 3: Erörterung
Nach einer kurzen Überleitung zur dritten Aufgabe stellen Sie Bezüge zwischen dem BRIEF und Kafkas Lebensgeschichte her: z. B. der biograpfische Anlass für die Entstehung des Briefs (Hermann Kafkas Einwände gegen die Heiratspläne); die Tatschache, dass der BRIEF nic abgeschickt wurde; biografische Details (z. B. traumatische Erfahrungen aus der Kindheit, zentrale Lebensthemen wie Angst, Kampf, Macht – Ohnmacht). Sie erkennen, dass Kafka selbst den literarischen Status des BRIEFS am Ende bestätigt, und weisen nach, dass der BRIEF Merkmale literarischer Fiktion enthält: Übertreibung, Stilisierung des Vaters als Gegenfigur des Sohnes, Mittel der Rollenprosa (der Vater kommt in der Sprache des Sohnes zu Wort). Sie kommen zu dem Schluss, dass der BRIEF sowohl privates Dokument als auch literarisches Werk ist. Ihre Aussagen belegen Sie mit einigen zentralen Textstellen.

Darüber hinausgehende Anforderungen
Aufgabe 1: Einordnung der Textstelle (ergänzende Aussagen)
Sie geben einen Überblick über die zentralen Themen des

Briefs (Erziehung, Umgang des Vaters mit den Angestellten, Heiratsversuche, Judentum, Schreiben und Leben) und legen dar, dass Kafka den Wahrheitsanspruch der Gegenrede am Ende des Briefs selbst zurücknimmt.

Aufgabe 2: Textanalyse (ergänzende Aussagen)
Sie arbeiten die Gerichtsrhetorik der Gegenrede detailliert heraus (Textbelege) und zeigen auf, dass Kafka dem Vater sozialdarwinistische Überzeugungen unterstellt (Metaphern vom „Ungeziefer", „das Blut saugt"), dass er aus der Rolle des Vaters heraus sich selbst karikiert und letztlich in einer Double-Bind-Situation gefangen bleibt: Die väterliche Instanz, von der er sich zu lösen versucht, hat er so verinnerlicht, dass er mit des Vaters Stimme und seinen (vermeintlichen) Worten spricht.

Aufgabe 3: Erörterung (ergänzende Aussagen)
Ihre Argumentation basiert auf einer guten Kenntnis der Lebensgeschichte Franz Kafkas (Herkunft, Kindheit, zweimalige Verlobung mit Felice Bauer, Heiratspläne mit Julie Wohryzek, Konflikt zwischen Berufsleben und Schriftstellerexistenz) und seiner Werke. Sie verweisen darauf, dass die Glaubwürdigkeit der biografischen Informationen des Briefs von Zeitgenossen Kafkas in Zweifel gezogen wurden (z. B. von Kafkas Freund Max Brod). Sie zeigen an wichtigen Textstellen die von Kafka verwendeten, für ihn typischen Literarisierungstechniken auf (z. B. Perspektivenverzerrung, gegenseitige Spiegelung und Selbstaufhebung von Textteilen). Sie stellen zumindest in Ansätzen Querverbindungen zu einer Erzählung Kafkas her (z. B. Das Urteil). Darüber hinaus erläutern Sie den Brief als Zeitdokument einer patriarchalischen Gesellschaft, in der viele (meist expressionistische) Literaten den Vater-Sohn-Konflikt zum Thema machen.

3.4 Ein Bericht für eine Akademie (gestaltende Aufgabe)

(Franz Kafka, Ein Bericht für eine Akademie.
In: Franz Kafka, Die Verwandlung, Das Urteil und andere Erzählungen, München 2008, S. 202)

„[…] so daß mein erster Lehrer selbst davon fast äffisch wurde, bald den Unterricht aufgeben und in eine Heilanstalt gebracht werden mußte. Glücklicherweise kam er bald wieder hervor."

Aufgabenstellung

Gehen Sie von folgender Annahme aus: Rotpeters erster Lehrer liest den Bericht für die Akademie und setzt sich in einem Brief mit seinem ehemaligen Schüler in Verbindung. Schreiben Sie diesen Brief.

Operatoren „Schreiben Sie"

Was wird erwartet? Diese Gestaltungsaufgabe setzt voraus, dass Sie den Text kennen und die zitierte Textstelle einordnen können. Auf der Grundlage einer selektiven Textanalyse (relevante Textstellen) sollen Sie sich in eine Figur, hier die des Lehrers, hineinversetzen und aus ihrer Sicht einen Brief schreiben, der inhaltlich und sprachlich der Figur angemessen ist und den Text „ergänzt", indem er eine so genannte „Leerstelle" füllt. Kreativität und Originalität sind wichtige Bewertungskriterien.
Da der Text über die Figur des ersten Lehrers nur wenig aussagt, gibt es ein breites Spektrum von textadäquaten kreativen Lösungsmöglichkeiten. Der Brief sollte eine Länge von 2–3 Seiten nicht überschreiten.

Mindestanforderungen

- Sie beachten die Anforderungen der Textsorte Brief.
- Ihr Brief nimmt seinen Ausgang von der zitierten Textstelle: Sie berichten aus der Perspektive der Figur von Ihren Erfahrungen des Eingesperrtseins.

- Sie greifen einige der Themen auf, die – aus der Sicht der Figur des Lehrers und seiner Rolle – wichtig sind: Rotpeters Distanzierung von den Menschen (er ahmt sie nach, weil dies für ihn der einzige Ausweg ist), sein Lernprozess und die Verdrängung der Affennatur, sein Selbstbild (er bescheinigt sich die „Durchschnittsbildung eines Europäers"), sein pessimistisches Weltbild (es gibt keine „Freiheit" zu wählen), seine Beziehung zu der dressierten Schimpansin.

Darüber hinausgehende Erwartungen
(ergänzende Aussagen)
Ausgehend von der Information, dass der erste Lehrer in eine Heilanstalt gebracht werden musste, also psychisch auffällig war oder immer noch ist, könnten Sie einen satirischen Text über die Grenzen zwischen Mensch und Tier schreiben. Besonders reizvoll: Aus der Figurenperspektive des Lehrers erzählen Sie von anderen Kafka'schen Tierfiguren und deren Schicksal (z. B. Gregor Samsa).

4 Deutungsansätze zu Kafkas Texten im Überblick

Noch vor drei Jahrzehnten konnte man die einzelnen Interpretationsrichtungen zu Kafkas Prosa in zwei Gruppen zusammenfassen: Eine Gruppe von Deutungen stellte das Werk in einen kulturellen oder historischen Kontext, setzte es also in Beziehung zur Entstehungszeit, den geschichtlichen Umständen oder Kafkas Persönlichkeit, eine andere Gruppe konzentrierte sich vorrangig auf die Erforschung des Werks als Text (vgl. Hartmut Binder, Kafka-Handbuch Bd. 2: Das Werk und seine Wirkung, Stuttgart: Kröner Verlag 1979, S. 798–824). Inzwischen sind die Übergänge fließend geworden, dennoch kann diese Zweiteilung noch als grobes Richtmaß genommen werden.

Die Deutung des Werks in einem Kontext

Religiöse Deutungen

Diese gehören zu den ältesten Deutungsrichtungen und wurden vor allem durch Kafkas Freund und Nachlassverwalter Max Brod ins Leben gerufen. Er sah – wie später auch der Religionsphilosoph Martin Buber – in Kafkas Werk eine positive Auseinandersetzung mit Grundgedanken der jüdischen Religion wie Gericht, Gnade, Schuld, Strafe und Sühne; Kafka selbst betrachtete sich eher als Religionsskeptiker (vgl. Binder, Kafka-Handbuch Bd. 2, S. 800). Auch die Methode, durch Analogieschluss religiöse Aussagen in Kafkas Prosa festmachen zu wollen, ist äußerst umstritten.

Philosophische Deutungen

Dies ist eine Interpretationsrichtung, die über Jahrzehnte durch immer neue Veröffentlichungen bereichert wurde, um die es aber in den letzten Jahren ruhiger geworden ist.

Sie bezieht sich vor allem auf die Struktur des „gleitenden Paradoxons", also auf jenen für Kafkas Prosa typischen Übergang von stimmiger Realitätsschilderung zu scheinbar unlogischen Vorgängen und Begebenheiten. Als philosophisch interessant gilt vor allem die erschwerte Sinnsuche bei Kafka, der „Wahrheitsentzug", den seine Prosa fördere, sowie der Appell an den Leser zur beständigen Selbstreflexion (vgl. Binder, Kafka-Handbuch 2, S. 802).

Psychologische Deutungen

Diese haben nach wie vor Hochkonjunktur, gerade bei den Erzählungen – denkt man beispielsweise an die VERWANDLUNG: Die Deutung des Familienkonflikts, der Machtkampf zwischen Vater und Sohn sowie die Entwicklung Gregors sind hier wichtige Gesichtspunkte. Auch beim URTEIL (Verdrängung des Vaters durch den Sohn) und in der STRAFKOLONIE (Faszination der mechanisierten Gewalt) spielt diese Deutungsrichtung eine Rolle wie auch bei sexuellen Thematiken, die aus Kafkas Kurzprosa herausgedeutet wurden (Beispiel: Das Verhalten der Mutter Ende des zweiten Kapitels der VERWANDLUNG, die, spärlich bekleidet, in „gänzlicher Vereinigung" mit dem Vater „um Gregors Leben bat", wurde in der Sekundärliteratur als Anspielung auf die Beobachtung des elterlichen Geschlechtsverkehrs durch den im Konflikt mit dem Vater befindlichen Sohn gedeutet. (Vgl. J. Pfeiffer, Die Verwandlung/Brief an den Vater, Oldenbourg Interpretationen 91, S. 16.)

Biografische Deutungen

Im Grunde haben wir hier eine Verlängerung der psychologischen Deutung über den Text hinaus auf die Autorenpersönlichkeit vorliegen. Joachim Pfeiffer nennt es ein „Ur-Übel der Kafka-Interpretation", von der Autorenbiografie auf sein Werk schließen zu wollen. Die Anlässe sind naheliegend: Kafkas Vaterkonflikt, die Schwäche der Mutter innerhalb der Familienkonstellation, seine problematischen Frauenbeziehungen und vieles mehr. Mit Recht warnt Pfeiffer auch davor, die Autorenbiografie „zum Deutungsmuster des Textes zu erheben" (J. Pfeiffer, Oldenbourg-Interpretationen 91, S. 19). Letztlich wird dadurch die Aussagekraft des literarischen Textes – der auch dem heutigen Leser noch etwas zu sagen hat – stark eingeschränkt, der Eigenwert des literarischen Kunstwerks zu wenig gewürdigt.

Sozialhistorische und materialistische Deutungen
Diese Deutungen haben immer ihre Berechtigung, wenn man sie nicht übertreibt. Kafkas Kurzprosa sagt immer auch etwas über seine Zeit und ihre Probleme aus: über Machtausübung, Familienstrukturen, die Habsburger Monarchie, das entfremdete Leben der neu entstandenen Angestelltenschicht oder das Phänomen von Einsamkeit und gestörter Kommunikation zu Beginn des 20. Jahrhunderts. Es ist Sache des Lesers zu überprüfen, was davon in seiner eigenen Gegenwart noch Gültigkeit hat.

Die Deutung des Werks als Text

Werkimmanente Deutungen
Hier stehen Textstrukturen im Vordergrund: Metaphern und Symbole wie die des Käfers in der VERWANDLUNG, Kafkas „einsinnige" Erzählweise, Personenzeichnungen, Raumstrukturen und Zeitverhältnisse. Sprachwissenschaftler untersuchen den besonderen Stil, entstanden aus der Inselsituation der deutsch sprechenden Juden Prags, und die Rezeptionsästheten geben die Deutungshoheit über den Text dem jeweiligen Leser in seiner Zeit – getreu einer nicht ganz gesicherten Aussage Kafkas über Picasso,

die folgendermaßen gelautet haben soll: „Er notiert bloß die Verunstaltungen, die noch nicht in unser Bewusstsein eingedrungen sind. Kunst ist ein Spiegel, der ‚vorausgeht' wie eine Uhr – manchmal." (Kafka-Handbuch Bd. 2, S. 818)

5 Tipps zum Weiterlesen

Bücher

Fingerhut, Karlheinz
Kennst du Franz Kafka? Weimar: Bertuch Verlag 2007
Der Literaturwissenschaftler Karlheinz Fingerhut stellt Schlüsseltexte von Kafka vor und erläutert sie, um jungen Lesern und Leserinnen den Zugang zu Biografie und Werk zu erleichtern.

Prinz, Alois:
Auf der Schwelle zum Glück. Die Lebensgeschichte des Franz Kafka. Frankfurt/M.: Suhrkamp 2007
Eine anschauliche Lebensbeschreibung, die nicht den Schriftsteller, sondern den Menschen Franz Kafka in den Vordergrund rückt.

Wagenbach, Klaus:
Kafkas Prag. Ein Reiselesebuch
Ein literarischer Spaziergang durch Kafkas Heimatstadt. Der Kafka-Spezialist Klaus Wagenbach begleitet den Autor in seine Schule, in die Universität und in sein Büro und wandert mit ihm durch die tschechische Hauptstadt. Mit vielen Abbildungen.

Wagenbach, Klaus:
Franz Kafka. Reinbek: 2002 (überarbeitete Auflage)
Aus der bekannten Reihe rororo-monographien stammt dieses schmale Buch, das einen Überblick über Kafkas Gesamtwerk und eine gute und übersichtliche Einführung bietet.

Pfeiffer, Joachim:
Franz Kafka: Die Verwandlung/Brief an den Vater. Oldenbourg Interpretation, Band 91. München: 1. Aufl. 1998, Nachdruck 2008

Diese ausführliche Interpretation zur Verwandlung und zum unverzichtbaren Brief an den Vater bietet eine Ergänzung zu diesem Textnavigator. Die Themen Aufbau, Figuren, Erzählzeit vs. erzählte Zeit und die Verknüpfung beider Texte werden ausführlich behandelt.

Internet

Auch das Internet stellt eine wahre Fundgrube dar: Allerdings ist die Qualität der Informationen äußerst unterschiedlich und jeweils kritisch zu bewerten. Hier zwei seriöse Links (Stand August 2008):

www.kafkaesk.de

www.franzkafka.de

Diese beiden Portale bieten vielfältige Informationen, die Sie zu einer ersten Beschäftigung mit Franz Kafkas Leben und Werk anregen können.

6 Anhang

Verwendete Literatur

Alt, Peter-André: Franz Kafka – Der ewige Sohn. Eine Biographie. München 2005

Beicken, Peter U.: Franz Kafka. Eine kritische Einführung in die Forschung. Frankfurt a.M. 1. Auflage 1974

Beißner, Friedrich: Der Erzähler Franz Kafka und andere Vorträge. Frankfurt a.M. 1983

Binder, Hartmut: Kafka-Kommentar zu sämtlichen Erzählungen. München 1982

Franz Kafka: Romane und Erzählungen, hrsg. von Michael Müller. Stuttgart 2003

Gray, Richard T.: DAS URTEIL. In: Franz Kafka. Romane und Erzählungen, hrsg. von Michael Müller. Stuttgart 2003, S.11–41

Hansen-Löve, Aage A.: VOR DEM GESETZ, Franz Kafka. Romane und Erzählungen, hrsg. von Michael Müller. Stuttgart 2003, S.146–157

Heintz, Günter (Hg:): Interpretationen zu Franz Kafka. LGW 42. Stuttgart 1979

Kafka-Handbuch in zwei Bänden, hrsg. von Hartmut Binder, Band 2: Das Werk und seine Wirkung. Stuttgart 1979

Meurer, Reinhard: Franz Kafka, Erzählungen. München 1999

Pfeiffer, Joachim: Franz Kafka, DIE VERWANDLUNG/BRIEF AN DEN VATER. München 1998

Ramm, Klaus: Reduktion als Erzählprinzip bei Kafka. Frankfurt 1972

Robertson, Ritchie: DER PROCESS. In: Franz Kafka. Romane und Erzählungen, hrsg. von Michael Müller. Stuttgart 2003, S.98–145

Sokel, Walter H.: Franz Kafka, Tragik und Ironie. München/ Wien 1964

Stach, Reiner: Kafka. Die Jahre der Entscheidungen. Frankfurt/M. 2004

Stach, Reiner: Kafka. Die Jahre der Erkenntnis. Frankfurt/M. 2008

Text und Kritik: VII/94. Sonderband Franz Kafka

Wagenbach, Klaus: Franz Kafka. Biographie seiner Jugend. Berlin 2006

Zimmermann, Hans Dieter: In der Strafkolonie. In: Franz Kafka. Romane und Erzählungen, hrsg. von Michael Müller. Stuttgart 2003, S. 158–172

Bildquellen

Seite 7, 15, 34, 46, 57, 71, 75, 83, 94: akg-images/ Archiv Klaus Wagenbach
Seite 9: iStock
Seite 88: akg-images/Gérard Degeorge

Für die Einzelteile dieses Bandes waren wie folgt verantwortlich:

Hans-Peter Goldberg:
Das Urteil, Die Verwandlung, Vor dem Gesetz,
In der Strafkolonie, Ein Traum, Auf der Galerie,
Eine kaiserliche Botschaft, Heimkehr,
Kapitel 3.1, 3.2, 4, 5, 6

Claudia Mutter:
Der Kaufmann, Der Heizer, Der Jäger Gracchus,
Die Brücke, Der Kübelreiter, Der Nachbar,
Ein Bericht für eine Akademie, Brief an den Vater,
Ein Hungerkünstler, Kapitel 1, 3.3, 3.4, 5, 6